# ラグビーって、いいもんだね。

## 2015–2019 ラグビーW杯日本大会

藤島 大

鉄筆文庫 010

鉄筆

本書は文庫オリジナル作品です。
（W杯開幕戦レポートと【終章】は書き下ろし）
年齢・肩書・所属等は作品発表当時のものです。

# 目次

●決勝トーナメント



●インタビュー

# ラグビーって、いいもんだね。

2015―2019　ラグビーW杯日本大会

## ラグビーワールドカップ　歴代優勝チーム

| 大会 | 年 | 開催地 | 優勝 | スコア | 準優勝 |
|---|---|---|---|---|---|
| 第1回 | 1987 | NZ、豪州 | NZ | 29−9 | フランス |
| 第2回 | 1991 | イングランド | 豪州 | 12−6 | イングランド |
| 第3回 | 1995 | 南アフリカ | 南アフリカ | 15−12 | NZ |
| 第4回 | 1999 | ウェールズ | 豪州 | 35−12 | フランス |
| 第5回 | 2003 | 豪州 | イングランド | 20−17 | 豪州 |
| 第6回 | 2007 | フランス | 南アフリカ | 15−6 | イングランド |
| 第7回 | 2011 | NZ | NZ | 8−7 | フランス |
| 第8回 | 2015 | イングランド | NZ | 34−17 | 豪州 |
| 第9回 | 2019 | 日本 | 南アフリカ | 32−12 | イングランド |
| 第10回 | 2023 | フランス | | | |

NZ＝ニュージーランド、豪州＝オーストラリア

# 【序章】

# ようこそ『カンニングボール』へ。

## ようこそ『カンニングボール』へ。

とある街の一角。目印はささやかだ。下敷きサイズの板に『カンニングボール』と店名が記され、スクラムに楕円球を投入する前、それを胸に抱えたハーフバックの影絵が添えられている。

そこは精神と肉体の疲れをいやしながらレバー（肝臓）にいくらかの試練を与える場所だ。古びたビルの2階。通りを見下ろす位置にバルコニーがある。スプリングボクスのロック4人が修学旅行で並んで寝たくらいのサイズだ。窓の戸を押し出して開く。風の気配。夕焼けが目に染みた。明るくないのに眩しい。

カンニングボール。いまのスクラムでのノットストレート。昔、ざっと半世紀ほど前まで日本列島ではそう呼んだ。好きな響きである。

レフェリーの笛。背番号9を指さして「カンニングボール」。不満な顔もせず、サッと後方へ下がる。いかにも担任の先生に叱られるクラスのお調子者のようだった。

店内のタイル床は淡い青と小豆色のチェッカー模様である。木の卓。カウンターのガラス瓶には「お好きなだけ」と書かれており、見たことのない形状の謎めいたナッツが詰まっている。

生ビールを頼む。正当なパイント（568㎖）のサイズ。グラスに目を凝らすと、89年前の日本代表のエンブレムが透かし模様みたいにあしらわれていた。史上初めて編成され遠くカナダへ遠征した。満開だけでなく「つぼみと五分咲き」と組み合わせているところが上品だ。

従業員はそろいの旧式ジャージィを着ていた。よく知らないオレンジ色、襟は深緑だ。胸にはアフリカ象のエンブレム。これは1995年のワールドカップのコートジボワール代表のレプリカではないか。

現在まで最初で最後の出場。対フランス、10番のアブバカ・カバルがキックをチャージダウン、記念すべきトライを挙げた。18―54の善戦、南アフリカはルステンブルグ、オリンピア・パークの判官びいきの観客は大いにわいた。

悲劇もあった。トンガ戦で本業は電気工事技師のWTB、マックス・ブリトーが頸椎の深刻な傷を負う。大会の歴史で最もつらい出来事である。いま、日本開催にあたって、ドレッド髪で愉快そうに駆けた男の姿をあらためて思い出そう。

焦げ茶のビールの肴が欲しい。見つかった。沖縄県の今帰仁村より取り寄せた「チョリソ」。ぴりっと辛いソーセージである。アルゼンチンへの移民から帰郷した「おじい」の秘密の手づくりらしい。太く、ずしりと重い。ロス・プーマスのファンが入店したら、さぞや喜ぶだろう。

以上、本稿筆者の「どこかにこんな店はないか」という願望である。申し訳ありません。コートジボワールの記述は事実であり格別なチョリソも実在するのだが『カンニングボール』は（たぶん）ない。

第1回から続けてきたワールドカップ取材、振り返って、さっと頭に浮かぶのは試合でなく試合の周辺である。忘れがたい酒場が2軒。「こんな店はないか」のイメージは以下の両店の融合のつもりである。

91年大会のダブリン、エクスチェカァ通りの『オールド・スタンド』。つや消し硝子の窓に当時の「5か国対抗の紋章」が目立たぬように装飾されていた。ラグビーを強調しないのに雰囲気がラグビーだった。

07年大会のマルセイユ、港のそばの『ラ・カラベル』。ふらり飛び込んで一生ここにいたかった。フランスがカーディフの準々決勝でオールブラックスをやっつけたら船の汽笛が鳴った。

9月20日。祭りは始まった。親愛なる読者に本誌が届くころには、いくつかの安堵や失意はすでにスコアとともに刻まれている。

勝ち負けの判決はどんどん下る。そして、11月2日をもって必ずおしまいとなる。終わりがないのは記憶である。

過去の名勝負の輪郭は歳月によってかすれる。魂のぶつかる攻防こそ「一瞬」で消えて構わない。なくなるから永遠なのだ。

ところが、ダブリンやマルセイユで黒ビールや冷たいカクテルを愉快に飲んだ経験、そこで目にした老若男女の表情や声、あの汽笛の音は、言い切ってしまえば、人格の一部と化している。

幼い日の暑い午後、学級対抗サッカー試合のあと、校庭の水飲み場へ一目散に走った。首を傾けて蛇口に顔を寄せた。そんな思い出は消えない。いや、消える消えないというより体内に自然に存在している。それと似ている。

たまに聞かれる。ワールドカップをどう楽しめばよい？

ただ、そのとき、その場で自分が楽しく生きればよい。『カンニングボール』のような酒場を見つけられるかは運と粘りも関係してくるが。


初出＝『ラグビーマガジン』２０１９年11月号（ベースボール・マガジン社）

## 「差異」楽しむ大会に

新しい年。ラグビーのワールドカップ（W杯）日本大会が行われる。翌年には東京五輪もある。スポーツの大切な時間が始まる。

どんな1年であるべきか。頭に浮かぶ一言がある。

「私はドイツ人ですから」

2015年。6月の午後。ドイツ・ベルリンのクーベニックという土地で聞いた。サッカーのチャンピオンズリーグ決勝の取材でベルリンにいた。かねて旧東ドイツを根とするクラブを見たかった。「1・FCウニオン・ベルリン」の本拠地、その名を直訳すれば「森林官駐在スタジアム」を訪ねた。

通称「ウニオン」は労働者の魂のチームである。試合の当日でなく、約束なしの突然の訪問、でも職員は、汗だくで歩いてきたスポーツライターを観客席に通してくれた。

親切な職員は「東」の出身だった。よい機会だ。拙い英語で質問する。

1974年のサッカーW杯、東ドイツが開催国の西ドイツをプール戦で破った。1―0。

有名なユルゲン・シュパルバッサー、のちに「西」へ亡命する男のゴール。覚えていますか？「はい。14歳でした」。興奮したはずです。「いえ」。そして沈黙、やがて言った。「私はドイツ人ですから」

西ドイツは同大会で優勝を果たす。東ドイツ戦の敗北も上位進出へ影響はなかった。されど冷戦下なのだから、てっきり喜んだのかと思った。どうやら取材者として想像力を欠いていた。東も西もない。もしかしたら東を好きでなかった。どうであれ少年は「東ドイツ人でなくドイツ人」でありたかったのだ。

２０１９年は「ベルリンの壁の崩壊」から30年の区切りである。あらためてスポーツ界は分断と決別しなくてはならない。「壁」はサッカーのＦＫに備える一枚でよい。

個人の思想や信条、性的指向、信仰、性差、地域、経済階層などによる分断にスポーツはくみしない。サッカーならサッカー、ラグビーであればラグビーが、そこに集う者の自発的な楽しみであり続ける。一点、そのスポーツを愛することを除いて、ほかの「違い」は認め合う。多様な価値を抱く共同体となる。

ラグビーW杯も差異を楽しむ大会であってほしい。一例で本年9月25日、釜石鵜住居復興スタジアムでは、フィジーとウルグアイがぶつかる。日本も有名なオールブラックスもそこには不在である。

それでも必ずおもしろい。違いがぶつかり、人間のたがわぬ普遍がむき出しにされる。

つまりスポーツだからだ。

初出＝「東京新聞・中日新聞」２０１９年１月12日

## 変わるために貫く。

霧囲気しだいでは発声を踏みとどまる場合もある。いつもの酒場のカウンターなら素直に口にする。

「甘い。そいつは甘い」

ジャパン、スコットランドには勝てますよね？　よく聞かれる。ま、あいさつのようなものだ。

この行に文章が差しかかったあたりで、ワールドカップ（W杯）開幕まで「4カ月2日と22時間」。強気にせよ弱気にせよ、ひいきチームの結果予想とはスポーツ好きの特権だから「日本、ベスト8進出はいけるでしょう」とラグビーを追うライターに声がかかるのは正しい。

でも。長く生きるとは、よく負けたことでもあり、ああ高校や大学のコーチ時代に「なんとなくいける」と気を緩めて冷や汗や泣きべそをかいたなあ、と、しきりに思い出される。そこで言い切る。

「スコットランドはしぶとい。学校のクラスなら、こういうやつです。天才ではないが秀才。なのに自分は凡才と思い込み、努力や研究を怠らない。傾向と対策の鬼です」

油断した南アフリカより油断しないスコットランドのほうがジャパンにとってはやっかいだ。両国の直接対決であれば、いくらか備えの甘いスプリングボクスが準備万端の濃紺のジャージィを上回る可能性も高いのだが、ここらは単純でない勝負の構造である。

気を抜いたスコットランドになら勝てる。1989年5月、秩父宮ラグビー場で目撃した。

平尾誠二主将、宿澤広朗監督のジャパンが28―24で金星を挙げる。

充実期のスコットランドは、ブリティッシュ＆アイリッシュ・ライオンズへの参加者を抜いた布陣ながら最終の「テストマッチ（当時のスコットランド協会は認定せず）」までの4戦は強かった。初戦で関東代表に91―8。これが「日本、弱し」の印象を与える。九州代表に45―0。U23日本代表に51―25。関西代表には39―21。2015年、W杯期間中の9月、スコットランドの新聞、スコッツマンが「油断」を裏付けてくれた。

敗軍のSH、グレイグ・オリバーの証言。

「いくらかうぬぼれがあった。何人かの年長者はこれから何が起きるのか、（日本の）トップ選手が藪の中にじっと隠れているはずだと薄々気づいていた。その通りになった。私たちは待ち伏せの襲撃を浴びたようなものだった」。

記憶を血肉とする。それを伝統と呼ぶなら、伝統国スコットランドに再びの「うぬぼれ」はない。

91年のW杯、開幕直前に参加国の主将の集う晩餐会、ロンドンのホテルの外に張り込んでジャパンと同組のスコットランドの闘将、左のプロップ、デヴィッド・ソールを待ち、拙い質問をした。日本なんてソフトですよね？「ノー。アブソリュートゥリー・ノー」。絶対にノー。目がおっかなかった。

現在のスコットランド代表関係者の秘密のパソコン画面を見た人物を知っている。キリリ冷えたビールとプチプチ皮の躍るような餃子で心が通い、ちらりフタを開いてくれた。アジアの超特急、ケンキ・フクオカの各種の映像が網羅されていた。

勝敗の読みは本当は決戦直前でないとわからない。たとえば、キックオフ2日前の練習やミーティングのあり方が物語る。ひとまず最強国のひとつ、アイルランドに敗れても、スコットランドをやっつければ2位通過は可能だ。サモアはこわいとわが警報はしきりに鳴るものの間違った見立てでもない。

ここまでジャパンの戦績は順調に映る。3年前、ウェールズに敵地で大善戦（30—33）、2年前もアウェーでフランスとドロー（23—23）、昨年はトゥイッケナムでイングランドを前半は15—10とリードした（15—35）。代表はひとつずつのテストマッチで評価されるべきだから、まったく悪くない。

当然、楽観は禁物だ。キックでタイトでない展開をつくり、望む場所で守りを始めては切り返す。うまく運んだらスコットランドに競り勝てる。でも大敗の危険もはらむ。

このスタイルは本当に日本に生まれ育った選手に適しているか。吟味はさらに求められる。役割分担がくっきり決まり、固定された状況での仕事を反復で身につけるほうが得意なような気はする。ここは海外出身の選手がどのくらい代表を占めるかに関連してくる。

ひとつの方法を貫き、迷わぬことで実力を培い、決闘前、思い切って打ち手を削り簡潔な戦法に徹する。「小」の側の秘訣だろう。4年前の大会への歩みもざっとかさなる。スタイルがなかったら変われもしない。ジェイミー・ジョセフのジャパンはその道筋を外れてはいない。というようなことを、いまは「スコットランドは甘くない」と表現している。

初出＝『ラグビーマガジン』2019年7月号（ベースボール・マガジン社）

## 鵜住居に秋田工業を見た

　ジャパンがフィジーを制した。34―21。しかも釜石鵜住居復興スタジアムで。これからも試合は続くが、代表は「ひとつの勝ち」に絶対の価値がある。終了後、当日に帰京できないこともなかったが、ここは釜石泊だろうと、さいわい一室だけ空いており予約のかなったホテルに残った。ラグビーを愛する者の人生の義務として、地元の酒場へ突進する。庶民の一軒だろう『二合半』。そのまま「にごうはん」と呼ぶのか、昔ながらの「こなから」と読むべきか。尋ねるのを忘れた。後者は「半分の半分」の意味で、すなわち「一升の半分の半分＝二合半」。浴びるほど飲むな。それくらいにしておけ。そんな優しさを表しているのかもしれない。異議などない。途中、戸が開き、新日鐵釜石の往時の名ハーフ、坂下功正さんが満席の店内をのぞき、そっと去っていた気がしたのだが、あのへんの土地には楕円球の妖精がよく出没するので幻かもしれなかった。

　店へ向かう途中、フィジー系と思われる数人の男女が国旗の空色をまとい歩いていた。東北、釜石、夕陽も落ちる大町あたり、こちらも幻想を見るようだ。いい光景である。翌朝。ストリートを行き交うファンの人たちの表情が喜びの余韻をたたえている。この一点でジャパンは勝つべきだ。

実は本稿筆者は、桜のジャージィの白星にあって、黒星を喫していた。放送解説、最後の最後の場面、フィジーの自陣深くのスクラム起点、FW3列の長いゲインをジャパンのタッチラインぎわの好タックルがしのいだ。解説席では、途中から投入された気鋭の左プロップ、三浦昌悟の一撃に見えた。つい口にした。本当は、背番号12の中村亮土だった。両選手、視聴者に申し訳ない。もちろん、三浦がフロントローとして押し合って、そこから突破されて、まさか追いつくだろうか、とは思った。それなのに「ありうる」と迷いを押し戻した。ここのところの意識の流れを分解したい。

ジャパンのフィットネスは際立っていた。猛暑と書きたくなるコンディション。日差しのきつさは体感温度をさらに高めただろう。なのに走れた。というより動作のひとつずつに「キレ」があった。ここははっきりと宮崎キャンプでの猛練習の成果だ。本日であればスクラムを解いた17番も反転、猛ダッシュで、ひとりふたりにからまれて少々の時間の費やしたランナーに届く。そう思い込んだ。もちろん背番号の類似で間違ったのが先なのだが、ありうると脳の指令が下った。

この13日前、堅牢なスクラムを組んでみせた24歳、東海大学—トヨタ自動車ヴェルブリッツの三浦昌悟の母校、秋田工業高校のグラウンドで、伝統の練習を目撃した。きれいな人工芝、試合ぶりはモダン、それでも、ことスクラムは、熱心なコーチがしつこく、しつこく仕込んでいた。競技ルールも指導者も変わっても、やはり昔ながらのひたむきな「秋工」だ。そこでまた秋田工業出身の三浦なら、押して、ただちに戻る意思、脚力、丈夫な肺を備えている。そう思い込んだ。

さらに、筆者の若き日、大学の教室でのラグビー部ティーチング、当時の大西鐵之祐監督の教えというのか情熱の叫びがよみがえった。部員に質問しながら進めるのだが、ある日、こう問うのだった。「敵陣の中盤、スクラム。展開。いちばんトライをとれるのはどこのポジションや」。部員の回答は忘れた。「接近　連続　展開」の人は言い切った。

「プロップや」

いわく「スクラム、パーンと組んで、さっとブレークして、サインプレーの成功を予測して一直線に走る。ほかのポジションのような義務はない。そのまま自分の感覚で走って構わない。ゴール前、ウイングからカーンとボールもらってトライやないか」。以後、フロントローが素早くスクラムを解いてチャンスやピンチの場面に顔を出す瞬間に関心が高まり、事実、そういう例はよくあったし、いまもある。

なんて言い訳に行数を割けるのも、ジャパン勝利のおかげである。これまで、正直、頼りなく映ったロック、ジェームス・ムーアのラックでの献身とオールアウト（出し切り）、中村亮土の防御の意識の高さ、ウィリアム・トゥポウのトライ阻止タックル、松島幸太朗の冷静と鋭敏の両立などなど、すべての勇士に二合半までの乾杯を。

初出＝SUZUKI RUGBY「友情と尊敬」（スズキスポーツ）2019年7月

やせながら肥える。

釜石。鵜住居。リカバリー・メモリアル・スタジアム。きたる9月25日。フィジーとウルグアイがそこでぶつかる。どちらの代表も、物質や金銭には換算できぬ「人間の根っこのところの喜び」の匂いがする。だから結果やスコアの推移とは別次元で好ゲームになる。開幕が近づき、そんなことを考えていると、昔の左プロップの歌声が肋骨の底のほうに響き始めた。

「ため息はつかない／大笑いできるその日まで」「ラグビー釜石／いまここに」

長山時盛。本当は「氏」や「さん」をつけるべきだが、記憶の中の公人なので許してもらおう。

新日鐵釜石の往時の左プロップ、１９８８年度と翌年度は主将を務めた。さらには達者なギタリストにして忘れがたいシンガーでもある。

当時の茨城県立大宮高校から黄金期の釜石へ飛び込んだ。80年9月、翌春の入社の面接を終え、練習に加えてもらった。「グラウンド1周を3分30秒で回れ」。テストだと思って必死に駆けた。するとゴールのところでストップウォッチを持つ口髭の人が笑いながら叫んだ。

「3分29！」

日本ラグビー協会の森重隆会長、28歳のころの優しき一幕である。

晴れて入部、同じポジションに山がそびえていた。こちらもまた永遠の敬称略、日本代表の石山次郎である。声を荒らげず、自慢の2文字を人生の死語としながら粘り強く賢いスクラムを組んでは、走って、また走った。

とても簡単には追い抜けない。だから85年度を迎えるまではもっぱら控えのベンチが居場所だった。振り返れば不思議なようだが、96年になって、ようやく「戦略的交替」は認められる。先発の負傷のほかに出番は訪れなかった。

6年前、さりげないのにこわいような長山時盛の一言を聞いた。

「リザーブの心の準備で体重が何kgも減るんです。緊張と集中だけで」

新日鐵を退社後、岩崎電気に転じて、建設業経理事務士の2級資格を取得、社業に、國學院栃木高校のスクラム指導に、もちろん音楽に能力と魅力を存分に発揮してきた。根幹には「ベンチでやせる」経験があった。あったはずだ。

ワールドカップ日本大会における優勝候補の一角、ウェールズを率いる人物もリザーブ席に思慮を培った。

ウォーレン・ガットランド。その経歴は興味深い。

「フッカー。オールブラックスで17ゲーム出場。キャップなし」

開幕前の9月17日に56歳となる。ちょうど釜石の長山新主将が張り切っていたころ、88年6月19日に代表デビューを果たし、91年7月9日まで、まぎれもなくオールブラックスの一員であった。

まずオーストラリア、次にカナダ／ウェールズ／アイルランド、さらにフランス、アルゼンチンと4度の海外遠征に呼ばれた、あいだに何度も国と国とのテストマッチは行なわれた。でも尻はベンチを離れない。最初の西オーストラリア戦から最後の対マル・デル・プラタまで、相手は地区代表、単独のクラブ、国のB代表や同選抜だった。出場全17試合のうち16勝、いっぺんだけフランスのバスク沿岸・ランド県選抜に12―18で負けたのが小さくて小さくはないキズだ。

あの時代、背番号2の真っ黒なジャージィは、かのショーン・フィッツパトリックの専有物だった。86年6月のフランス戦から97年11月の対ウェールズまで、こちらのキャップ総数は「92」におよぶ。同じ年に生まれたタフでスマートな名手は、ライバルが控え席でうずうずしているとき、ちっともケガをせず、芝の上に君臨した。

22年前、ガットランドはアイリッシュ・タイムズ紙に語っている。

「たくさんの人が苛立ったかと聞いてくる。でも長々と考えても仕方のないことのひとつだ。もし彼がケガにさいなまれ、私のほうに運があったら、30から40キャップを得ていたかもしれない」

そして明かした。優れた者の影であるジレンマを。

「自分に出場のチャンスが訪れるときは、おそらくオールブラックスがうまくプレーできていない。しかしオールブラックスの一員であればそのことを望まない」

バンデージを丹念に巻き、試合後に新品のままはがす。仲間の負傷を露骨に願わず、されど「そうなってうれしくないわけではない」という神経で常に構える。心の準備で体はやせる。他方、観察と想像によって脳は肥えた。

よき人、よきコーチの誕生！

ウォーレン・ガットランドなら同世代で釜石育ちのフロントローが奏でる旋律の深さと誇りをわかる。

初出＝『ラグビーマガジン』２０１９年10月号（ベースボール・マガジン社）

## チェスター・ウィリアムズ
## 人種融和の象徴　逝く

ラグビーのワールドカップ（W杯）日本大会の開幕が近づく。そこへ悲しいニュースが届いた。24年前の英雄が人生の幕を閉じたのだ。

チェスター・ウィリアムズ。先週の金曜、49歳で天へ去った。心臓発作だった。1995年の南アフリカでのW杯、優勝を遂げた開催国代表スプリングボクスの背番号11には、チーム唯一の黒人として、人種融和の象徴となる務めがあった。それは、前年に就任のネルソン・マンデラ大統領の意思とも重なった。白人の好んだラグビーを憎まず、むしろ愛する。寛容は報復よりも強い。物静かな男は、はにかむように大任を果たした。

5年前、東京都内でインタビュー*した。決勝では無敵と評されたオールブラックスを破った。「最後の笛が鳴った。観客席を見上げると、白人と黒人が手を握り合って一緒に喜んでいました。（異なる文化の結びつく）虹の国の誕生した瞬間です」。穏やかな口調でそう語った。

試合開始前にマンデラ大統領に声をかけられた。「君のことを誇りに思っている」。のちに結婚式にも出席してくれた。「謙虚で慈悲深くダイナミックな人でした」。もちろん名誉を得るまでの重圧もあった。「黒人のコミュニティーを代表しなくてはならない。白人からは黒人だから代表に選ばれたと思われる。私は実力を示さなくてはならなかったのです」。準々決勝のサモア戦で4トライを奪った。

あの優勝チームからこれで4人の元選手が世を去った。名監督のキッチ・クリスティーも栄冠の3年後に亡くなっている。歓喜の分が寿命より差し引かれるような厳しさ。ラグビーが社会を変えうる。そんな使命を果たした者の運命という駆け足なのか。

初出＝「東京新聞・中日新聞」2019年9月11日

＊『序列を超えて。』（鉄筆文庫）に所収

# 1 【ラグビーW杯第9回大会　2019】

# 記憶の祭典。

## 決勝トーナメント　KNOCKOUT STAGE

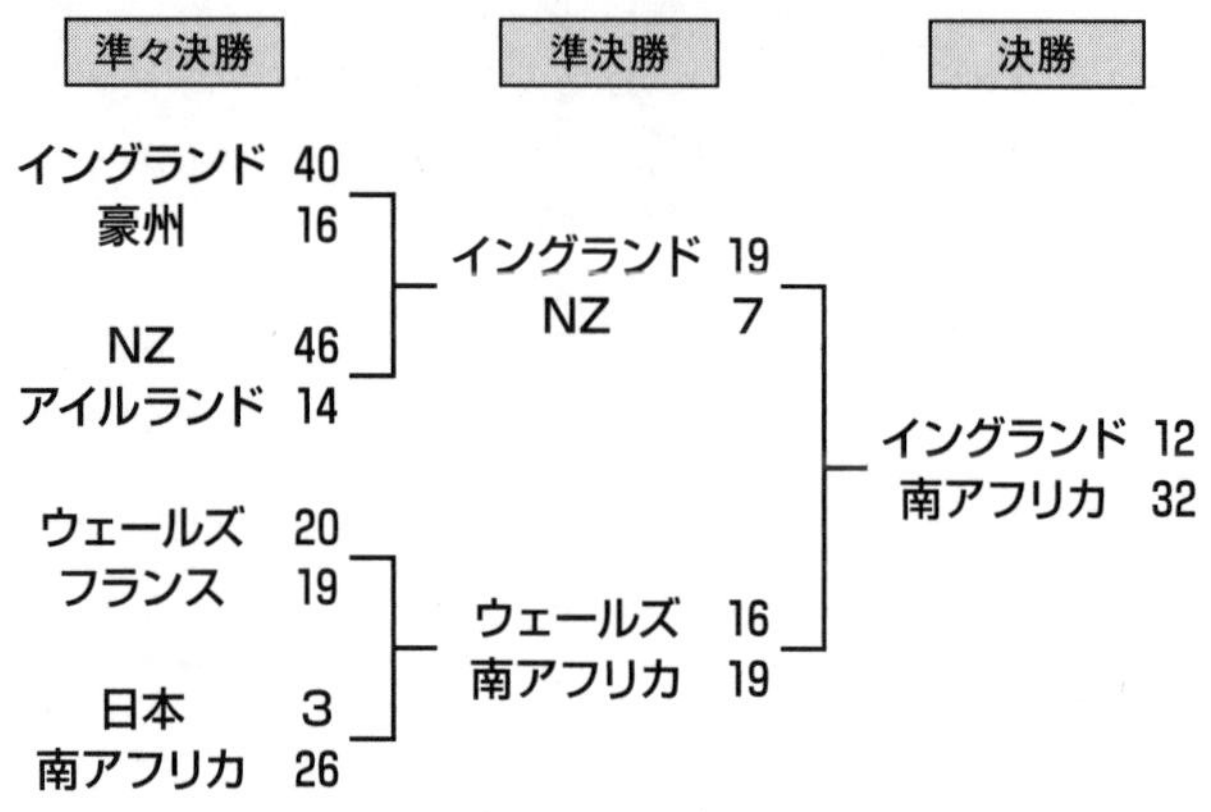


3位決定戦　NZ　40−17　ウェールズ

日本代表　ヘッドコーチ＝ジェイミー・ジョセフ
主将＝リーチ マイケル
戦績＝予選（プールA）4勝
準々決勝進出＝ベスト8

# ラグビーワールドカップ2019　試合記録

## 予選プール　POOL STAGE

| | プールA | 日本 | アイルランド | スコットランド | サモア | ロシア | 勝点 |
|---|---|---|---|---|---|---|---|
| 1 | 日本 | | ○ 19−12 | ○ 28−21 | ○ 38−19 | ○ 30−10 | 19 |
| 2 | アイルランド | ● 12−19 | | ○ 27−3 | ○ 47−5 | ○ 35−0 | 16 |
| 3 | スコットランド | ● 21−28 | ● 3−27 | | ○ 34−0 | ○ 61−0 | 11 |
| 4 | サモア | ● 19−38 | ● 5−47 | ● 0−34 | | ○ 34−9 | 5 |
| 5 | ロシア | ● 10−30 | ● 0−35 | ● 0−61 | ● 9−34 | | 0 |

| | プールB | NZ | 南アフリカ | イタリア | ナミビア | カナダ | 勝点 |
|---|---|---|---|---|---|---|---|
| 1 | NZ | | ○ 23−13 | △ | ○ 71−9 | ○ 63−0 | 16 |
| 2 | 南アフリカ | ● 13−23 | | ○ 49−3 | ○ 57−3 | ○ 66−7 | 15 |
| 3 | イタリア | △ | ● 3−49 | | ○ 47−22 | ○ 48−7 | 12 |
| 4 | ナミビア | ● 9−71 | ● 3−57 | ● 22−47 | | △ | 2 |
| 5 | カナダ | ● 0−63 | ● 7−66 | ● 7−48 | △ | | 2 |

| | プールC | イングランド | フランス | アルゼンチン | トンガ | アメリカ | 勝点 |
|---|---|---|---|---|---|---|---|
| 1 | イングランド | | △ | ○ 39−10 | ○ 35−3 | ○ 45−7 | 17 |
| 2 | フランス | △ | | ○ 23−21 | ○ 23−21 | ○ 33−9 | 15 |
| 3 | アルゼンチン | ● 10−39 | ● 21−23 | | ○ 28−12 | ○ 47−17 | 11 |
| 4 | トンガ | ● 3−35 | ● 21−23 | ● 12−28 | | ○ 31−19 | 6 |
| 5 | アメリカ | ● 7−45 | ● 9−33 | ● 17−47 | ● 19−31 | | 0 |

| | プールD | ウェールズ | 豪州 | フィジー | ジョージア | ウルグアイ | 勝点 |
|---|---|---|---|---|---|---|---|
| 1 | ウェールズ | | ○ 29−25 | ○ 29−17 | ○ 43−14 | ○ 35−13 | 19 |
| 2 | 豪州 | ● 25−29 | | ○ 39−21 | ○ 27−8 | ○ 45−10 | 16 |
| 3 | フィジー | ● 17−29 | ● 21−39 | | ○ 45−10 | ● 27−30 | 7 |
| 4 | ジョージア | ● 14−43 | ● 8−27 | ● 10−45 | | ○ 33−7 | 5 |
| 5 | ウルグアイ | ● 13−35 | ● 10−45 | ○ 30−27 | ● 7−33 | | 4 |

勝点は、勝者＝4点、敗者＝0点、引き分け＝2点ずつ。ボーナスポイントは、勝敗に関係なく4トライ以上獲得チーム＝1点、7点差以内の敗戦＝1点。△は台風19号の影響で中止、引き分け扱い（勝点2）

プロローグ

## 記憶の祭典。

記憶なのだ。ラグビーのワールドカップは記憶の祭典である。

改装されたスタジアムや運営のシステム、いくばくかの利益は、閉幕のあと、しばらく財産として残る。それはそれで大切なことだ。

そして人々の記憶は永遠に消えない。やがて物理的な死を迎えても思い出は生き続ける。だれかがどこかで引き継ぐ。その人が本当に愛してきた光景は、いつしか他者に手渡され、ちらちらと社会に漂い、種子となって土につく。

突然、わきあがる感動。さりげない一言。喜ぶ人の顔を見た喜び。悲しむ者に自身を重ねた静かな感情。もちろんスクラムのひとつの押しやステップの残像。なぜだかラインアウトにまっすぐ投入されぬスランプの球の曲がり具合。それらの堆積をヒストリーと呼ぼう。

印象的な旋律が場内に流れた。スタジアムを地鳴りのごとき歓声の束が包む。ワールドカップのそれはいつものテストマッチとやはり違う。耳のある位置の上からも下からも叫びは聞こえてくる。選手の入場。もっと激しい拍手の渦。かき消される音響。それは「これからずっと忘れないこと」の始まりでもある。

世界のラグビー選手を凝視する。応援にやってくる老若男女と観客席や酒場のカウンターで肩を並べる。脳に刻まれる一瞬の出来事は芝の上のみにあらず、大会期間中のあちこちで起きる。

誇らしい一瞬がある。そこだけが光を放ち、ずっと心に棲みつく。

題して「小野澤宏時を見よ」。

2011年9月16日。ニュージーランドのハミルトン。赤が基調のジャージィ、ジャパンの11番が走った。オールブラックスの面々が追いつかない。陣地中盤、黒いジャージィの軽いつなぎの軌道に柔軟な上体をはさみ入れ、宙でかっさらう。そのまま長駆、インゴールへ。

7－83の大敗である。ジャパンは5日後のトンガ戦に照準を合わせていた。ベストの布陣でもない。

それなのに小野澤宏時のランをずっと忘れられない。「秩父宮の観客はみんな知っているんだ」。そう思った。この日本人、「ラバーマン（ゴム人間）」の賢さ、強さと柔らかさの完璧な融合、フィニッシュへの周到な逆算を。あとは王国の目利きのみなさんが気づく番だと。

1987年5月24日。オーストラリアのブリスベン。米国イーグルスにジャパンは敗れた。それでも赤白ジャージィの背番号1、その石、小さくて硬い硬い石のスクラムの威力は、メモリーの倉庫の奥のほうにずっとある。

八角浩司。保善高校ートヨタ。ゴリゴリでなくコリコリと前へ出た。イーグルスの塊が壊れた。時間帯も地域ももうあやふやだ。ほんの瞬間だが確かに見た。見てしまったら心と頭を離れない。

2015年9月19日。イングランドのブライトン。残り7分といったあたり。背番号22の田村優がベンチより投入された。緊迫のあの最後の場面、組み直しのスクラムにさっと駆け寄って、ハーフとナンバー8に指示というのか確認をしている。

スタンドにいて自慢したかった。うまく説明はできない。絶対に緊張する状況にあって、ついさっきグラウンドに放り込まれた人間が淡々と務めを果たしている。「頼もしいなあ」。直後の歴史を刻むトライには驚いた。直前のこの場面は感慨を呼んだ。忘却はありえない。

スタジアムの周辺や外の記憶もよみがえる。

ブライトンでのジャパン勝利の帰り、市中心部へ向かうバスに乗ったら、スプリングボクスのレプリカに身を包んだスプリングボクス候補くらいの体格の人たちが、ぎっしりと席を埋めていた。サッカーなら避けたい状況だ。ラグビーは違った。

そこにいる誰も、ひとりとして、想像もしなかった結末。日本人がまぎれこまなかったら、むしろ盛り上がっていただろう。自棄のビールもたまにはおもしろい。なにしろ世にも珍しい出来事の目撃者となれたのだから。

しかし、ラジオ局ディレクターと筆者、ふたりのジャパニーズの出現によって、車中は奇妙な静寂に包まれた。みな不機嫌なのではない。どうしてよいのかわからないのだ。太い腕の男性が、まるで、あいまいな微笑を浮かべる東洋人のように口角を変な角度に上げて、こちらを振り向いた。

そんな妙なスマイルもワールドカップの記憶である。

１９９１年10月某日。ジャパンのジンバブエ戦に備え、新聞社の同僚の貴重なカメラ機材（のちのデジタルカメラの実験機だった）があったので、ダブリンからベルファストへタクシーをチャーターした。

白いセーターの運転手氏は地元クラブの若きプロップである。

「いっぺん、フィル・オーとスクラムを組んだことがありますよ」

おー、フィル・オー。本当に声が出た。アイルランド代表で58試合、ブリティッシュ＆アイリッシュ・ライオンズの一員でもあった。左プロップ。第１回ワールドカップを最後に代表を退いていた。

強かったですか？

「ベリー・ストロング」

よかった。そうでもないなあ、なんて言われたら、話は続かない。あの道中もよくよみがえる。わがワールドカップの大切な一幕である。

さて。2019年のジャパンはどこまで進むのか。

一応、次のように書こう。

プール戦突破は甘くない。

しかし「甘くない」と構えて備える場所には達した。「とても難しい」わけではない。アイルランドは世界のトップ級である。スコットランドの理にかなった展開攻撃はやっかいだろう。前回のサモアは、ジャパンが南アフリカを破ったのでにわかに敬意を抱き、自信とおそれのどちらでもない中途半端な心理で戦ってくれた。今回は明確にチャレンジャーとして挑みかかってくる。

ジャパンは強くなった。プール戦が甘くないのと同じように、こちらも歴然たる事実だ。田村優はすっかり主軸である。スキルの精確は強豪国の同じ背番号の才能にも劣らない。4年前のスプリングボクス戦、動いた時計で7分強の出場歴はきっと役に立つだろう。

優勝の行方は。白状すればわからない。開催地の日本は、国際ラグビーにおける伝統国でなく、北半球なのに南半球に近く、つまり、どの国にとっても経験のない条件や環境での大会となる。

こういう場合は「初優勝」を想像するのも悪くない。ウェールズ。フランス。アイルランド。アルゼンチン。もしかしたら。

初出＝「週刊プロレス」増刊、ラグビーマガジン特別編集『ワールドカップを見逃すな！』（ベースボール・マガジン社）２０１９年9月6日

## ●プールステージ

## 「なんでこんなに楽しいんだろう。」

### 開幕戦　日本30―10ロシア

開幕戦のキックオフまで3時間15分。決勝級の名言が鼓膜に飛び込んできた。

東京・調布の味の素スタジアムへ向かう途中だった。ちなみに、アルゼンチンのブエノスアイレスからやってきた記者は「Ajinomoto」を「アヒノモト」とスペイン語の流儀で発音していた。普段なら新宿駅から京王線で向かう。ふと、記念すべき午後なのだからファンで埋まるシャトルバスを利用しようと思い、中央線の武蔵境駅で下車、臨時の停車場に並んだ。すでに列は長く、数台、見送って乗れた。

つり革をつかんで車窓の外に目をやるふりをしながら、真ん前の席の声にこっそり耳を傾けた。ふたりの女性が赤白ジャージィのレプリカに身を包み話している。そのうち、どちらかが、こう言った。

「なんでこんなに楽しいんだろう。1試合も観てないけど」

ワールドカップ日本大会の成功は始まる直前に約束された。

ジャパンの躍進をまだ知らない。釜石の小学生の黄色い帽子姿や歌声も見聞きしていない。太く波打つ腹をなぜか柔道衣に包んだイングランド人たちの愉快な応援歌メドレーを聞いてもいない。ビール販売で観客席を回る若者たちの奮闘努力（アイルランドのファンが、ずーっと、つまり、ひとつ売ったあとの移動よりも早く、途切れずに注文するので、そこにいたままの『人間酒場』と化した）も目にしていない。なのに、すでに楽しいのだ。

そして、そのころ、名誉と引き換えのプレッシャーにさらされる集団があった。日本代表。ジャパン。ブレイブ・ブロッサムズ。のちに国際ラグビー史に新しいページを用意させ、目利きもそうでない者も等しく驚かせ、うならせ、列島の歓喜を呼ぶこととなる男どもは、言葉のそのままの意味の緊張に襲われた。

ロシアの蹴り入れた開始キックオフの捕球をあろうことかミス。15番のウィリアム・トゥポウが、県立高校の新入部員のようにパントの球を落とし、あっけなくトライを奪われる。ロシアは、ヨーロッパ予選上位国の出場資格問題の発覚で、ナンバー3より繰り上がった。机の上では「最弱」のはずである。でも胸に桜のチームの攻守はどうにもぎこちなかった。

自国開催のワールドカップの重圧に心、頭、体の均衡は乱れた。もっとも「乱れる」は「なくなる」ではない。だから負けはしない。30―10。4トライを刻んでボーナスポイント獲得。大会の顔のひとりとなる松島幸太朗はハットトリック。どんなチームにも「勝ちさえすればよい試合」はある。ワールドカップならそれは「最大の勝ち点さえ手にすればよい試合」となる。ロシア戦がまさにそうだった。

残り20分にベンチより出場のSH、田中史朗のふてぶてしいほどの落ち着き。おしまいの10分に登場、FBの山中亮平のやけに伸びた左足キックの飛距離。あれはジャパンがさりげなく打ち上げた照明弾だった。苦戦によって禊（みそぎ）を済ませ、あとは高みへ向かうばかり。主役はここにいるのだと世界へ伝えるための。

書き下ろし　2019年11月29日

## 2019年10月20日　東京スタジアム

| 日本 | 30 | | 10 | ロシア |
|---|---|---|---|---|
| 後半 | 前半 | | 前半 | 後半 |
| 2 | 2 | T | 1 | 0 |
| 1 | 1 | G | 1 | 0 |
| 2 | 0 | PG | 0 | 1 |
| 0 | 0 | DG | 0 | 0 |
| 18 | 12 | スコア | 7 | 3 |

| 日本 | | ロシア |
|---|---|---|
| | FW | |
| 稲垣啓太（パナソニック）<br>→中島イシレリ（神戸製鋼） | 1 | ワレリー・モロゾフ<br>→アンドレイ・ポリバロフ |
| 堀江翔太（パナソニック）<br>→坂手淳史（パナソニック） | 2 | スタニスラフ・セルスキー<br>→エフゲニー・マトヴェエフ |
| ヴァル アサエリ愛（パナソニック）<br>→具智元（Honda） | 3 | キリル・ゴトフツォフ<br>→アザマト・ビティエフ |
| W・ファンデルヴァルト（NTTドコモ）<br>→トンプソン ルーク（近鉄） | 4 | アンドレイ・オストリコフ |
| ジェームス・ムーア（宗像サニックス） | 5 | B・フェドトコ→A・ガルブゾフ |
| リーチ マイケル（東芝）<br>→ツイ ヘンドリック（サントリー） | 6 | ヴィタリー・ジヴァトフ<br>→アントン・シチエフ |
| ピーター・ラブスカフニ（クボタ） | 7 | タギル・ガジエフ |
| 姫野和樹（トヨタ自動車） | 8 | ニキータ・ヴァヴィリン |
| | BK | |
| 流大（サントリー）<br>→田中史朗（キヤノン） | 9 | ワシリー・ドロフェーフ<br>→ドミトリー・ペロフ |
| 田村優（キヤノン）<br>→松田力也（パナソニック） | 10 | ユーリ・クシュナレフ<br>→ラミル・ガイシン |
| レメキ ロマノ ラヴァ（Honda） | 11 | キリル・ゴロスニツキー |
| 中村亮土（サントリー） | 12 | D・ゲラシモフ→V・ソゾノフ |
| ラファエレ ティモシー（神戸製鋼） | 13 | ウラジミール・オストロウシコ |
| 松島幸太朗（サントリー） | 14 | ゲルマン・ダヴィドフ |
| ウィリアム・トゥポウ（コカ・コーラ）<br>→山中亮平（神戸製鋼） | 15 | ワシリー・アルテミエフ |

得点：トライ（T）5点、ゴール（G）2点、ペナルティーゴール（PG）3点、
　　ドロップゴール（DG）3点
日本選手の所属、企業名は当時のもの

## ああW杯がやってきた。

巨人の激突を堪能した。ラグビーのワールドカップ。9月21日、ニュージーランド代表オールブラックスは、絶対の好敵手、南アフリカ代表スプリングボクスをプールの初戦で破った。

開始は午後6時45分。黒一色の厳かなハカがあり、その憎たらしいような一瞬のカウンター攻撃があり、グリーン&ゴールドのジャージィをまとう大男の突進があって、終了の笛と同時に敵味方をなくす抱擁があった。

なんとか放送の解説を終えて、さあ会場の横浜国際総合競技場から「次の試合」へ急ごう。なんとしてもキリリと冷えたビールで喉を洗浄しなくてはタックルとジョッキの泡を等分に愛した世界中の先達に申し訳ない。東京へ戻る悪友を追いかけ、巨漢ばかりの両国ファンの脇の下をくぐって新横浜の駅へ。えい、新幹線を奮発しよう。

自動券売機の前は人また人だ。海外からの観客は短い列の後方につく。ここは日本のスポーツライターに一日の長があった。私たちは購入者のみならず家族やパートナーも一緒に並ぶ傾向がある。見ろ。いや見つめるのだ。あそこは３人固まっているが実質はひとりだ。もう一組もカップル。よし買えた。21時35分発のぞみ52号に汗だくで滑り込む。

東京駅から中央線快速で新宿、そこで乗り換えて大久保へ。めざすは中国吉林省延吉あたりの名物料理、羊肉の串焼きを供する庶民の一軒である。午後11時５分。キックオフ。生のジョッキを空けて２階の窓から百人町の雑踏にふと目をやる。なんだこれは。

スプリングボクスのジャージィに身を包んだ南アフリカの人々が数名ずつの塊となってあちこちから湧き出るように歩いている。

彼らが母国の書店で手に入れたガイド本にここらが載っているのか。あるいはツアーの宿が近いのか。幻のごとき光景。ああワールドカップがやってきたのだ。

２日後、盛岡で地元産のリンゴ酒を飲みつつウェールズ－ジョージア戦をテレビ観戦していると、北海道の酪農家よりメールが届いた。前夜の札幌の出来事が記されている。トンガに勝って気勢の上がるイングランド人たち（なぜか柔道着姿）が帰りの地下鉄車内で各国応援ソングをメドレーで歌い出した。たちまち大合唱となる。

「日本人よ、なぜ歌わぬ」

十勝で牛を飼う人は照れながらも「上を向いて歩こう……」で応えた。途中、バレーのワールドカップの観戦から帰路につく人たちが乗ってくる。「目を丸くして」驚き、みな、すぐに笑った。

その翌々日、釜石の鵜住居復興スタジアムでウルグアイが格上のフィジーの希望を打ち砕いた。30―27。10カ月前、両国は中立地のイングランドでテストマッチを戦っている。観客は800人。スコアは68―7。南太平洋のラグビーの島が南アメリカのサッカーの国を退けた。すなわち今大会初の番狂わせ。実況席の脇の通路でウルグアイの初老の男どもが肩を抱き合い無言で涙していた。

観客席の下で旧知の関係者に声をかけられる。「いやあ、すごかった」。ボランティアのシャツを着ているので聞いてみた。試合、見られるものなのですか？ 岩手県のラグビー発展に力を尽くす人物は答えた。「見られません。それでいいのです」。見なくてもウルグアイの魂は見えたのだ。

初出＝『ナンバー』987号（文藝春秋）2019年10月3日

## 金銭と無縁の「プロ精神」
### プールＤ　ウルグアイ30―27フィジー

前に出る。倒す。それでもつながれる。抜かれる。あきらめない。みんなで戻る。また倒す。ボールがこぼれた。かっさらう。起きる。走る。その先に番狂わせがあった。

ウルグアイが釜石鵜住居復興スタジアムでフィジーを破った。30―27。４年前の日本の南アフリカ戦勝利とも重なる快挙だ。見上げると見事な青空、同じ色のジャージィをまとった勝者の感情は観客にたちまち伝わる。特別な場所で特別な出来事は起きた。

「プロ精神を発揮できた」

小さな体に特大のハート、背番号6のファン・マヌエル・ガミナラ主将のコメントだ。言葉の意味は深い。前回大会のウルグアイにプロは４人だけ。「最後のアマチュア」とも呼ばれた。昨年2月の予選突破後、協会が選手と契約、米国新リーグへの参加者も増えて「31人中22人がプロ」（エステバン・メネセス監督）。だが欧州の一流クラブ在籍の選手を多数含むフィジーと比較しても実態は「セミプロとアマの混在」に近い。競技人口は「４

500」程度だ。

ではプロ精神とは。ガミナラ主将が言い切った。

「それは金銭とは何の関係もありません。私たちが示した献身と情熱と自己犠牲のことなのです」

アマがプロのごとく努力して、プロはアマのように純粋となる。ラグビーだ。

初出＝「東京新聞・中日新聞」2019年9月28日

## 静岡の歓喜。

### 第2戦　日本19―12アイルランド

驚きはなかった。喜びがあった。

２０１９年9月28日。静岡県袋井市愛野町の「エコパスタジアム」でジャパンはアイルランドを破った。

永遠の19―12。前日、最終練習のさわりが公開された。雰囲気がよかった。すべきことをすませ、しっかり引き締まっているのに、余計な力が抜けている。「いい試合をする」。すぐにわかった。それから「勝って不思議はない。でも、とてもとても難しいだろう」と考えた。

4年前のブライトン。過去2度、ワールドカップを制したスプリングボクスに対して「いい試合をする」とは信じられた。されど勝つとは思わない。勝った。驚いた。

今回は違う。驚きはせず、ただただ感心した。

開幕時には世界ランク1位のアイルランドは、格下である赤白ジャージィの伸長を警戒、よく分析、退ける計画を立案している。「かかってきなさい」と厚い胸を出した前回の南アフリカ人ではない。普通、これで番狂わせの要素は消える。なのに富士山の近くの競技場で桜は咲き誇った。どんな試合か。大きく述べるとこうだ。

あの夜。掛川駅の近くにて。

酒場の前の通り。アイルランドの老夫婦が店の外へ出てきた。目が合った。エメラルド色のジャージィ姿の夫はいきなり足を小刻みに動かした。タタタタタ、タタタタと擬音を発しながら。タタタタ。タタタタ。「あなたがたのチームは実に見事でした」。一言を残して赤い顔で妻と去った。酔った背中の下の脚がまだタタタタしていた。

タタタタ。タタタタ。ジャパンはそんなふうにステップを踏み、攻撃の角度をせわしなく変え、短くて速いパスをつないだ。

1968年のウェリントンで、71年の東京で、83年のカーディフで、91年のベルファストで、そうだ、これは、いつか見た日本のラグビーではないか。そして2019年の静岡のジャパンは初めてのジャパンでもあった。

スクラム。怪力ぞろいの緑のパックと組み合って譲らない。ラインアウト。大切なところで敵投入を奪ってみせる。姫野和樹。突進は、いくらか足が遅く倍のスタミナを有するジョナ・ロムーである。

いちばん大切なのは以下のコメントだ。終了直後のフィールド、テレビ中継の急ぎのインタビューにて。

アイルランドのヘッドコーチ、ジョー・シュミットは言った。「ゲームのコントロールでジャパンが上回っていた」。かつて大善戦も金星もあった。目の覚める展開や勇敢なタックルはしばしば称えられた。しかし「したたかな試合運び」だけは古くからの強豪のものだった。

エコパスタジアム。最後の最後。7点を追うアイルランドは「ボーナスポイント」にしがみついた。ターンオーバーの球を外へ蹴り出したのだ。ここに至るまでの攻防の実相を象徴していた。

ジャパンの進路にきっと困難は待つ。サモアは、ましてスコットランドはとても甘くない。ただし、いかなる試練や危機も「負けている試合を優勝候補が終わらせた」というステージの上の出来事なのである。

初出＝「週刊プロレス」増刊、ラグビーマガジン特別編集『BIG WIN! ラグビーW杯日本代表予選突破記念号』（ベースボール・マガジン社）２０１９年10月３日

## 2019年10月28日　静岡エコパスタジアム

| 日本 | 19 | | 12 | アイルランド |
|---|---|---|---|---|
| 後半 | 前半 | | 前半 | 後半 |
| 1 | 0 | T | 2 | 0 |
| 1 | 0 | G | 1 | 0 |
| 1 | 3 | PG | 0 | 0 |
| 0 | 0 | DG | 0 | 0 |
| 10 | 9 | スコア | 12 | 0 |

| 日本 | | アイルランド |
|---|---|---|
| | FW | |
| 稲垣啓太（パナソニック）<br>→中島イシレリ（神戸製鋼） | 1 | キアン・ヒーリー<br>→デイヴ・キルコイン |
| 堀江翔太（パナソニック） | 2 | R・ベスト→S・クローニン |
| 具智元（Honda）<br>→ヴァル アサエリ愛（パナソニック） | 3 | タイグ・ファーロン<br>→アンドリュー・ポーター |
| トンプソン ルーク（近鉄）<br>→W・ファンデルヴァルト(NTTドコモ) | 4 | イアン・ヘンダーソン<br>→タイグ・バーン |
| ジェームス・ムーア（宗像サニックス） | 5 | ジェームズ・ライアン |
| 姫野和樹（トヨタ自動車） | 6 | P・オマーニー→R・ラドック |
| ピーター・ラブスカフニ（クボタ） | 7 | ジョシュ・ファンデルフレイヤー |
| アマナキ・レレィ・マフィ（NTTコム）<br>→リーチ マイケル（東芝） | 8 | CJ・スタンダー |
| | BK | |
| 流大（サントリー）<br>→田中史朗（キヤノン） | 9 | コナー・マレー |
| 田村優（キヤノン） | 10 | J・カーティー→J・カーベリー |
| レメキ ロマノ ラヴァ（Honda） | 11 | ジェイコブ・ストックデール |
| 中村亮土（サントリー） | 12 | C・ファレル→J・ラーマー |
| ラファエレ ティモシー（神戸製鋼） | 13 | ギャリー・リングローズ |
| 松島幸太朗（サントリー） | 14 | キース・アールズ |
| 山中亮平（神戸製鋼）<br>→福岡堅樹（パナソニック） | 15 | ロブ・カーニー→ルーク・マグラー |

得点：トライ（T）5点、ゴール（G）2点、ペナルティーゴール（PG）3点、
ドロップゴール（DG）3点
日本選手の所属、企業名は当時のもの

## 歴史の進歩の瞬間を見た
## ～優勝候補に負けを選ばせたジャパン～

アイルランドが次につながる「おしまい」を選んだ。エコパスタジアム。最後の最後。ジャパンが落球。自陣最深部とはいえ7点を追って同点狙いの猛攻を仕掛けると思った。ところが交替で登場のスタンドオフ、ジョーイ・カーベリーは、ありがたいはずのターンオーバーの球をあっさり外へ蹴り出した。みずからゲームの幕を閉じたのだ。

J SPORTSの解説席で「あれ、なんで」と驚いた。ややあって理解はできた。「7点差以内の負けのボーナスポイント」を確実に獲得したかったのだ。

試合後、カーベリー本人に確かめると「裏のスペースもなく、そうすべきと判断した」と言った。指示があった？　記者に聞かれると「急なターンオーバーだったので自分で決めた」と明かした。本当であるかはともかく「ボーナスポイントの重要性」を個人としてもチームとしても意識していた。実際、ボーナスの「1ポイント」はのちに効いてくるだろう。

そして、そうであっても「アイルランド、反撃せずに敗北を選択」の事実は、少しは長く日本のラグビーを見つめてきた身には感慨深かった。あれは、ひとつの歴史的瞬間だった。スコアが同じ「7点を追う」であっても、体をぶつけ合い、互いに駆け引きを繰り出した感触がもう少しソフトなら、つまり、いくらかツキがなくて、この点差になっていると感じたら、やはり猛攻を試みただろう。そこまでの展開でジャパンのタフネスが身に染みたからこそ、自陣深くでの無理なアタックはさらなる失点の危機を招くと慎重になった。その事実をもってして「日本のラグビーはステージをひとつ上がった」と言い切りたい。ちなみに、敗将、ジョー・シュミットはのちに国際統括機関のワールドラグビーに判定について問い合わせている。「(アイルランドの科せられた)4度のオフサイドのうち3度は誤審との回答を得た」。こんなニュースも「ステージをひとつ上がった」傍証だろう。

ジャパンは速く、いや、ものすごく速く、確かで、たくましく、したたかですらあった。ショートサイドの攻略、狭いスペースでのせわしないパス、小刻みなフットワークが、屈強精確なアイルランドのディフェンスを無力化させる。根底には膨大な反復をともなう猛練習がある。

元オールブラックスの背番号10、ニック・エバンスは、ハイランダーズでジャパンの現アシスタントコーチ、トニー・ブラウンとともに戦った経験がある。英国『ガーディアン』紙のアイルランド戦後の評論はだから的確だった。ブラウンの仕込んだジャパンのラン、パス、キックについて。「ピッチにおいては涼しい顔でやってのけているように映るが、練習では完璧にするための多大な努力があったはずだ。トレーニングでは何度もミスをして髪をかきむしってきたに違いなく、だから、試合になると相手に問題を引き起こさせることができた」。ジェイミー・ジョセフの日本代表を長く追う取材者が知っていることをロンドンのエキスパートはすぐにわかった。そういうゲームだった。歓喜へ至る過程は芝の上に浮き上がったのである。

9月30日。ここからジャパンが当たる両国の激突を見た。

サモア対スコットランド。会場の地、神戸はやけに蒸した。ドーム式の御崎公園スタジアムの屋根は閉じられ、風の通らぬ分、さらに湿る。冷房のない部屋の窓を冷房があるかのように開けない。不思議だ。英国の記者があとからきた仲間にこう声をかけた。「ようこそスウェットハウスへ」。これは北国、スコットランドにはきつい。そう読んだ。実にきつそうだった。それなのに34—0の大勝。ボーナスポイントをもぎ取った。

どちらの側もよく倒れ、汗のつくボールは「石鹸のように滑る」（サモアのジャック・ラム主将）ので攻撃は途切れる。観客にものすごくおもしろい一戦ではなかった。それでもスコットランドの「根性」にある種の感動を覚えた。さぞや暑く苦しいだろうに最終盤のサモアの意地の猛攻にもくらいつく。足はよれよれでも失点なしの決意は揺るがない。

ああ、やはりスコットランドに勝つのは簡単ではない。まずそう感じた。ついで、うれしくなった。いまのジャパンなら勝てる。勝って少しの不思議もない。考えたくはないが、仮に敗れたら、悔やむのでも惜しむのでもなく多大なショックを覚える。そのことだって歴史の進歩だ。

最後に。熊谷でのジョージアーウルグアイ。レフェリーのウェイン・バーンズさんの笛がよかった。選手への敬意を忘れず、優しく寛容でありつつ、規律を保った。若きレフェリーよ、参考にしてみてください。

初出＝J SPORTS「be rugby ～ラグビーであれ～」２０１９年10月2日

## ロシア。名も無き者の奮闘

### プールA　ロシア0―35アイルランド

ロシア。参加国で最弱と見られていた。昨年5月、欧州予選突破のルーマニアに代表資格のないトンガ系選手を出場させた事実が発覚、繰り上がった。

３日夜の神戸。アイルランドに0―35で退けられた。しかし、赤いジャージィの倒し倒されの奮闘ぶりは、ただの敗者とは違った。

正面衝突なら一歩も引かない。前線に全力を尽くすので、どうしても後方にスペースができて、そこを格上のアイルランドに攻略されるのだが、肉弾戦に戻れば、互角のファイトを続ける。

ＦＷの7番、25歳のタギル・ガジエフはしつこくて激しい。元格闘家。18歳までラグビーについて何も知らなかった。北コーカサスに暮らす無名の男は、大会後、強国のクラブの誘いをこれでもかと受けるだろう。

スクラム最前列の右ＰＲ、キリル・ゴトフツェフは、いま32歳なのに、たった5年前にラグビーを始めた。かつてはレスリング選手。２０１０年、フリースタイル１２０kg級で国内3位、唯一、北京五輪の金メダリストに敗れた。その後、ボブスレーに転じるも14年のソチ五輪の選考にもれ、ラグビーの道へ。そんな経歴を知っていたからスクラムに注目した。強い。アイルランドの圧力を伸びた背筋に吸収する。

後半6分過ぎ。押して反則を奪った。右腕を宙に突き上げる。優勝の行方とはまるで関係のない瞬間。でも五輪にふられた巨漢のそれは表彰台なのだった。

初出＝「東京新聞・中日新聞」２０１９年10月5日

## にわかファンの楽しみ方

にわか。手元の広辞苑第二版補訂版を引く。「だしぬけ。突然。急」。ラグビーがにわかに注目されている。

「私、ニワカなんですけど」。取材の旅先で声をかけられた。こちらは「突然のファン」という意味だろう。

日本代表のおかげだ。開幕の時点では世界ランク１位のアイルランドを破った。スコアでは接戦。でも「金星」という表現に違和感を覚えるほどの堂々たる試合だった。サモアも実力で寄り切った。最後にボーナスポイントを引き寄せる興奮もあった。豊田スタジアムを揺らした歓声は日本ラグビー史における最大音量ではなかったか。

試合後、名古屋市までバスで戻り、深夜に台湾料理店で苦くて甘いビールを仲間とやっていると、赤と白のジャージィをまとった観戦帰りの商社マンがふと言った。

「アイルランド戦、あちこちの住宅の居間から歓声が外へもれてきました。こんなことサッカーのワールドカップ（W杯）以外ではなかった。今晩もさぞやすごかったでしょう」

にわかにラグビー好きになった人の意見を採集してみた。

「ジャパンで興味をもったのですが、ほかの国と国の試合がまたおもしろい。みんなが必死で突っ込んで」（FMラジオのディレクター）

異議なしだ。こんな見方も。

「あんなに激しく走ってぶつかるのにスクラムからボールかピョコンと出てくるのがたまらない」（図書館司書の女性）

「タックルしてすぐ起きる姿はトライより感動する。トライはいいことが待っているから走る。でも、こっちは、また辛いことが待っているのに急いで起きるのだから」（酒場の主人）

ラグビー観戦は人生をほんの少し深くさせます。あなたもどうぞ。

初出＝「東京新聞・中日新聞」２０１９年10月9日

## 「ウヴェで勝ち、ウヴェで8強」
### 第3戦　日本38―19サモア

深く知られており、広くは知られていない。そんなヒーローがいる。日本代表のロック、ヘル ウヴェである。

今月5日、豊田スタジアムのサモア戦。あの「68秒間」を忘れてはならない。トンガ生まれの巨漢の働きは8強入りと固く結びついている。

後半34分5秒。ジャパンは26―19まで迫られていた。トライを許した直後のリスタートのキックオフ、ヘル ウヴェは当たってくる相手をいなし、すかさず太い腕を差し入れて球を奪った。ターンオーバー成功。

6分ほど前にベンチから送り出され、いきなり仕事をした。そこから展開、みずからの力強いゲインもあり、同35分13秒のWTBの福岡堅樹のトライは生まれた。

勝利を確実とさせ、終了前に劇的にかなうこととなるボーナスポイント獲得（計4トライを記録）に望みをつないだ。次のスコッドランド戦への弾みをつけた。だからここに記す。「ウヴェで勝ち、ウヴェで準々決勝へ進めた」と。

日本国籍取得まではウヴェ・ヘルの29歳。ニュージーランドの高校を経て、拓殖大へ留学、ヤマハ発動機に進んで細かなスキルを身につけた。

昨年のイタリア戦後、ウヴェという名はトンガには珍しいのでは？　と聞いてみた。

「ジャーマニーの名前なんですよ。お母さんがレストランで働いていて、そこのボスがドイツ人で。ファミリーみたいに仲がよいので」

そういえば、昔、サッカーの西ドイツ（当時）にウヴェ・ゼーラーというヘディングの名手がいたなあ。母の職場の上司はファンだったのでは。想像すると楽しい。

初出＝「東京新聞・中日新聞」２０１９年10月25日

## 2019年10月5日　豊田スタジアム

| 日本 | 38 | | | 19 | サモア |
|---|---|---|---|---|---|
| | 後半 | 前半 | | 前半 | 後半 |
| | 3 | 1 | T | 0 | 1 |
| | 2 | 1 | G | 0 | 1 |
| | 1 | 3 | PG | 3 | 1 |
| | 0 | 0 | DG | 0 | 0 |
| | 22 | 16 | スコア | 9 | 10 |

| 日本 | | サモア |
|---|---|---|
| | FW | |
| 稲垣啓太（パナソニック）<br>→中島イシレリ（神戸製鋼） | 1 | ジョーダン・レイ<br>→ジェームズ・レイ |
| 坂手淳史（パナソニック）<br>→堀江翔太（パナソニック） | 2 | セイララ・ラム→レイ・ニウイア |
| 具智元（Honda）<br>→ヴァル アサエリ愛（パナソニック） | 3 | マイケル・アララトア<br>→ポール・アロエミール |
| W・ファンデルヴァルト（NTTドコモ）<br>→ヘル ウヴェ（ヤマハ発動機） | 4 | ピウラ・ファアサレレ<br>→セニオ・トレアフォア |
| ジェームス・ムーア（宗像サニックス） | 5 | ケイン・レアウペペ |
| リーチ マイケル（東芝）<br>→ツイ ヘンドリック（サントリー） | 6 | クリス・ヴイ |
| ピーター・ラブスカフニ（クボタ） | 7 | TJ・イオアネ→J・タイレル |
| 姫野和樹（トヨタ自動車） | 8 | ジャック・ラム |
| | BK | |
| 流大（サントリー）<br>→田中史朗（キヤノン） | 9 | ドウェイン・ボラタヴァオ<br>→ペレ・カウリー |
| 田村優（キヤノン） | 10 | U・セウテニ |
| レメキ ロマノ ラヴァ（Honda） | 11 | エド・フィドウ |
| 中村亮土（サントリー）<br>→松田力也（パナソニック） | 12 | ヘンリー・タエフ |
| ラファエレ ティモシー（神戸製鋼） | 13 | アラパティ・レイウア |
| 松島幸太朗（サントリー） | 14 | A・トゥアラ→トゥシ・ピシ |
| 山中亮平（神戸製鋼）<br>→福岡堅樹（パナソニック） | 15 | ティム・ナナイウィリアムズ<br>→キーロン・フォノティア |

シンビン【サモア】TJ・イオアネ
得点：トライ（T）5点、ゴール（G）2点、ペナルティーゴール（PG）3点、
　　ドロップゴール（DG）3点
日本選手の所属、企業名は当時のもの

## 大きな黒と小さな青の大きな交流
### プールB　ナミビア9―71NZ

スコアは9―10。オールブラックスを相手に前半36分まで1点差のゲームをできるチームが世の中にいくつあるというのか。東京の調布市にまれなる例を見た。青のジャージィ。フランスでもサモアでもイタリアでもない。ナミビアだ。

タックル。ラン。まったく迷いがない。シャープなアタックは何度か黒の壁を突き破った。背番号7、勤めを休職して日本へやってきた銀行員、トマソー・フォーブスがぶちかますと、確かに世界チャンピオンの数人が後退した。東京スタジアムを埋めた観客から「ナミビア。ナミビア」の叫び声が響く。集団的に弱い側を応援しようというのではなく、もっと自然な叫びに聞こえた。なにか、ひいきの学校を応援するような感じの。

結局、前半は15点差。オールブラックスのスティーブ・ハンセンHC（ヘッドコーチ）は試合後の会見で前半の苦戦について「正しい態度で臨めていなかった」と語った。ハーフタイム。ねじは締められた。後半は球を奪えば一気にゲイン、47得点をたたみかける。

終わってみれば大差はついた。

ただしラグビーというスポーツはスコアがすべてを物語らない。農業や歯科医などアマチュアの選手を含むナミビアは、最後の最後まで闘争心を絶やさず、きらめく瞬間を「48350」もの観衆に披露できた。黒いジャージィをまとっても不思議のない背番号5、チウイ・ウアニヴィを軸にFWはブレイクダウンやラインアウトで健闘を続ける。そして小さな、小さなハーフ団の確かなスキルと非凡な感覚よ。身長164㎝（大会公式データに175㎝とあるが、そばで見ると明らかにもっと小柄）の9番、3PGを決めたダミアン・スティーブンスはいつでもいつまでも素早く球をさばき、もっと小柄に映る10番、ヘラリウス・キスティングはどんなに狭いスペースでもそこに入り込めた。

公式記録の「ラインブレイク」の数字は「8」（オールブラックスは『13』）。これは同じ大会で同じ相手とぶつかった南アフリカの「5」よりも多い。スタジアムは、一方的な得点差にも熱をなくさなかった。

24歳のスティーブンスは試合後、オールブラックスで同じポジションのアーロン・スミスと会話している。「ロッカー室でジャージィを交換しました。アーロンは私のプレーに驚いてくれた」。25歳のキスティングも同様にジョーディー・バレットと交流。こう聞かれたそうだ。「いま、どこでプレーしているの？」。一目置かれたということだ。ちなみに答えはルーマニアのCSMバイア・マレというクラブである。

取材通路でスティーブンスに質問した。あなたはプロ、それともセミプロ？　後者だった。南アフリカ・シャークスのスーパーラグビーのひとつ下のチームにいるそうだ。さらにたずねる。ナミビアにはフルタイムの職業を持っているアマチュア選手もいますよね。彼らからインスピレーションを与えられますか？

「尊敬しています。仕事以外の時間を厳しい練習に費やす。エネルギーと集中力が必要です。（遠隔地から練習に通うために）家族との時間も犠牲にしなくてはならない。今回、選ばれなかった選手もいます。同様に尊敬しています」

オールブラックスとナミビアはワールドカップの場でしか対戦しない。プロの中のプロとそうではない者たちの交流。オールブラックスの「ものすごく謙虚な」（キスティング）勇士たちは大勝を遂げ、なお果敢で優秀な敗者に敬意を抱いた。アマチュア時代から連綿と培われたラグビーの価値だ。一例でTJペレナラは「ナミビアは本当によいプレーをした。ボールを手に持ち、鋭く、速い仕掛けをした。ディフェンスもハードだ」。うわべの言葉ではないと試合そのものが証明していた。

初出＝SUZUKI RUGBY「友情と尊敬」（スズキスポーツ）２０１９年10月

# 秘密結社へようこそ。

赤ちゃんみたい。

ずいぶん年齢の異なる男女の声がそろう。飲食店のテレビ画面には、ジェイミー・ジョセフの笑顔が大写しになっている。もう何度目なのかサモア戦の録画の一幕である。勝利とボーナスポイントをともに手に入れて、その人の表情が崩れると、どこかベイビーのスマイルのように愛らしかった。

試合後の会見。本人の喜びはこう表現された。

「私は待ちきれない。選手も待ちきれません」

もちろんスコットランドとの決戦についてだ。

とここに至り、すなわち、赤と白のジャージィがロシアを退け、アイルランドとサモアを破ったら、あらためて言い切れる。

さあ、ジャパンのワールドカップが始まる。

２０１９年10月13日、19時45分。横浜。ひとつの夜を限りとするファイナルが。ここからいくら勝ち進んでも、そこが決勝だ。

それは日本のラグビー史において初めて「伝統強豪国に対して有利を予想された」経験であった。ひいきの景気づけによる「ジャパン、勝つよ」でなく、海外メディアの評価を含めて、おおむね「若干の優勢」ともくされた。優勝候補のアイルランドを失意に陥れた攻守が真正であった証明だ。

過去にないことは人間を不安にもさせる。冒頭のラグビー愛好者はそろって「心配で、心配で、心配で」と心配になるほど繰り返した。

ありがたい。日本代表のファンが対スコットランドを前に不安におののくのだ。期待でも希望でもあきらめでもなく楽観を許さぬ緊張に襲われる。ありがたい。これぞ待ちに待った瞬間ではなかったか。ジャパンはワールドカップの特別会員制クラブにとうとう招かれた。「ここからが本物」という秘密結社に。

あとは選手と指導者とスタッフが戦うばかりだ。観客席で、テレビの前で、記者席で、こちらは、ただ見つめればよい。信は力なりと信じる桜の勇士を信じて。

アイルランド戦の前日。練習のほんの一部が報道用に公開された。

世界レベルでのセットプレー指導のエキスパート、長谷川慎コーチと話せた。

スクラム、どうですか?

愚問であった。具体性がなく漠然としている。いわゆる「大き過ぎる質問」ってやつだ。

かつての日本代表の不屈で柔軟な背番号1は、でも、優しかった。少しだけ沈黙、こう言った。

「意識の高い、いい文化ができましたよ」

ざっと30時間後。

具智元、吠えた。古くからのスクラム国、アイルランドの緑の特大パックを突き破った。貴重なP獲得。ここも勝負の分かれ目だった。

その1週間後、サモアの奮闘に流れはよくなかった。心理を支えたのは組み合って引かぬ８人の塊に違いなかった。

トライ番号「４」を最後に刻めた劇的な幕切れには、つまらないほど当たり前の根拠があった。

正しく厳しい反復。

スクラムこそは象徴である。パスもランもキックもしかり。コリコリのゴム球が壁に当たるみたいに動き続けるフィットネスや反応は、そこにもともとあったのではなく、周到でしつこい鍛錬が培ったのだ。

「待ちきれない」

そんな一言のための時間はようやく訪れた。この先に、ひとつのラグビー試合があった。スコットランドが、アイルランドが、有史以来、積み重ねてきた正真正銘のテストマッチの恍惚。日本ラグビー史の新しい章はめくられた。

初出＝「週刊プロレス」増刊、ラグビーマガジン特別編集「VICTORY ROAD　ラグビーW杯中間決算&決勝トーナメント展望号」（ベースボール・マガジン社）２０１９年10月17日

## 衝撃を再び
## 歴史は大急ぎで進んだ。
### 第４戦　日本28―21スコットランド

　ジャパンの意志がスコットランドの意地をわずかに上回った。望外の1位通過はここに実現する。歓喜と蹉跌の結末までには、おのおのの膨大な時間の堆積があった。

　１９３０年。オリジナル（起源）の日本代表がカナダ遠征のために編成された。主将は、慶應義塾出身の宮地秀雄。89年の歳月を経て、このスコットランド戦の前、有史以来、初めて伝統強豪国に対して「有利」の評価を得た。それは未知の領域であった。

　１８７１年。3月27日。月曜のエジンバラ。スコットランドはイングランドに競り勝った。当時の規則のスコアで「1―0」。両軍合わせて、弁護士が7人、銀行員と株式仲買人が6人出場していた。これがラグビー史上初の国際試合である。

　以後、長い長い長い闘争史にあって濃紺のジャージィは「大の中の小」を自覚してきた。競技人口はささやかだろうと創意工夫や粘り強さで地位をゆずらない。「強国の一角にとどまる」ことが存在証明。スコットランドがスコットランドであるために死守すべきラインは「ワールドカップのベスト8進出」に違いなかった。最低限なのに最高に近い目標である。

２０１９年10月13日日曜の横浜国際総合競技場。プライドをつかむ者とプライドを守る者はぶつかった。光景のすべてがヒストリーであった。

福岡堅樹の突然の加速とつなぎと仕留め。リーチ　マイケルのストロングな献身。堀江翔太の剛柔自在のアタック。姫野和樹の丸太の腕のターンオーバー。ピーター・ラブスカフニの使命感という名の突進。

終了の笛に歓声がやむはずもなかった。感情の渦の真ん中でプール戦の幕は閉じた。

１９９１年の第2回イングランド大会。ジャパンがジンバブエを翻弄すると、ロンドンのデイリー・テレグラフ紙の記者は書いた。

「ファンを喜ばせても決して勝つことのなかったジャパンが、ここにきて、やっと勝利の笑顔になった」

28年後のジャパンは各国のファンを喜ばせながら、ジンバブエではなくアイルランドとスコットランドをやっつけた。

静岡で横浜で、あの忘れがたき夜、この格別な夜、めまぐるしいほどのパス交換や小刻みなフットワークに観客は声を発した。叫び、笑い、泣いた。すると、この日へ至る道筋が芝の上にみるみる浮かんだ。

元オールブラックスの背番号10、ニック・エバンスのアイルランド戦後の評論は的確に表層から深層へと迫っている。ジャパンのスキルフルな展開について。

「ピッチでは涼しい顔でやってのけているように映るが、完璧を期すための多大な努力があったはずだ。トレーニングではミスを繰り返し、髪をかきむしってきたに違いなく、だから本番で対戦相手に問題を引き起こさせることができた」（ガーディアン紙）

国内の取材者は高温多湿にも高速展開を貫徹できるだけの猛練習を知っている。汗に滑る球を正確に放るスキルを身につけた反復も知っている。そして、そんな背景をジャパンの常なるウォッチャーではない人間もすぐにわかった。初めて見た人がずっと見てきた人と同じことを感じる。それを実力と呼ぶのだ。

ジェイミー・ジョセフとアタック担当のトニー・ブラウンは「選手に不可能なし」という母国ニュージーランドのラグビー観を日本列島育ちにもあてはめた。長谷川慎コーチは、笑いたくなるほど細部まで突き詰めた独自のスクラム理論をトンガやサモア系の好漢にも浸透させた。「多様性」はイメージにとどまらず、こうした具体的な行動によってもたらされた。

思い出してください。優勝候補のアイルランドは、ジャパンにリードされながら「ボーナスポイント1」を確実にしようと、みずからタッチの外へ球を蹴り出し、ゲームを終わらせた。あのとき日本のラグビーはひとつ上のフロアへ移った。

たったの15日後、148年も前から戦い続ける誇り高き国を打ち破る。歴史は大急ぎで進んだ。

初出＝『ナンバー』988号（文藝春秋）2019年10月17日

## 2019年10月13日　横浜国際総合競技場

| 日本 | 28 | | 21 | スコットランド |
|---|---|---|---|---|
| 後半 | 前半 | | 前半 | 後半 |
| 1 | 3 | T | 1 | 2 |
| 1 | 3 | G | 1 | 2 |
| 0 | 0 | PG | 0 | 0 |
| 0 | 0 | DG | 0 | 0 |
| 7 | 21 | スコア | 7 | 14 |

| 日本 | | スコットランド |
|---|---|---|
| | FW | |
| 稲垣啓太（パナソニック）<br>→中島イシレリ（神戸製鋼） | 1 | アラン・デル→ゴードン・リード |
| 堀江翔太（パナソニック）<br>→坂手淳史（パナソニック） | 2 | フレイザー・ブラウン<br>→スチュアート・マクイナリー |
| 具智元（Honda）<br>→ヴァル アサエリ愛（パナソニック） | 3 | ウィレム・ネル（WP・ネル）<br>→ザンダー・ファーガソン |
| トンプソン ルーク（近鉄） | 4 | G・ギルクリスト→S・カミングス |
| ジェームス・ムーア（宗像サニックス）<br>→ヘル ウヴェ（ヤマハ発動機） | 5 | ジョニー・グレイ |
| リーチ マイケル（東芝）<br>→ツイ ヘンドリック（サントリー） | 6 | マグナス・ブラッドベリー<br>→ライアン・ウィルソン |
| ピーター・ラブスカフニ（クボタ） | 7 | ジェイミー・リッチー |
| 姫野和樹（トヨタ自動車） | 8 | ブレイド・トムソン |
| | BK | |
| 流大（サントリー）<br>→田中史朗（キヤノン） | 9 | グレイグ・レイドロー<br>→ジョージ・ホーン |
| 田村優（キヤノン） | 10 | フィン・ラッセル |
| 福岡堅樹（パナソニック） | 11 | D・グレアム→P・ホーン |
| 中村亮土（サントリー）<br>→松田力也（パナソニック） | 12 | サム・ジョンソン |
| ラファエレ ティモシー（神戸製鋼） | 13 | クリス・ハリス |
| 松島幸太朗（サントリー） | 14 | T・シーモア→B・キングホーン |
| ウィリアム・トゥポウ（コカ・コーラ）<br>→山中亮平（神戸製鋼） | 15 | スチュアート・ホッグ |

得点：トライ（T）5点、ゴール（G）2点、ペナルティーゴール（PG）3点、
ドロップゴール（DG）3点

日本選手の所属、企業名は当時のもの

# ●決勝トーナメント

## リーチでなくリッチー。

サッカー好きの若者がいる。酒場のカウンターでたまに会う。元アパレル店勤務のダンサーである。

スコットランド戦の2日後、ずいぶんラグビーに詳しくなっていた。世界的なフッカー、堀江翔太の髪型の秘話で隣席の初老の人物と盛り上がっている。

ここまでは、まあ想像の範疇だ。しかし次の一言には驚いた。事態はここまで進んでいるのか。

若者がつぶやいた。

「リッチー、すごいですね」

最初、リーチ マイケルのことかと思った。違った。スコットランドの背番号7、ジェイミー・リッチーの「日本の当たりが少しでも高いと抱え上げてボールを殺す」スキルについて語り始めた。

Leitch（リーチ）ならぬ Ritchie（リッチー）。事件だ。

日産スタジアム。ターンオーバーの最高級の実践者、布巻峻介がたまたま近くにおり、試合中に「あの７番はあれが得意なんです」と解説してくれていたから、なんだか不思議な気がした。

ちなみに23歳のジェイミー・リッチーは元柔道家である。２００９年の英国選手権の年少55kg級の銀メダリスト、翌年にはインディペンデント・スクールズ（いわゆる私学）のチャンピオンにもなった。

かつて本人は述べている。

「スキルとテクニックは力や体格と同じように大切だと柔道が教えてくれた。競技に取り組む態度を知り、それをラグビーへ持ち込みました。柔道抜きでいまがあるとは思えません」（SPORTIF）

１９０cm、１０８kgのオープンサイドのフランカーは、柔道の国に敗れ、柔道の国の丸い球のほうのフットボール愛好者にその能力をわからせた。

もうひとつ。大昔からのファンの言葉を。

にわかに関心を抱いた年若き知人が「アイルランド戦、テレビで見ました。本当におもしろいですね」と受話器の向こうで言った。「私、こう答えたの。そうよ。ラグビーは深いのよ」。この女性、空襲から逃げ回った経験のある年齢である。さらにはこうも。

「選手が子どもの手を引いて入場してくるでしょう。すごくかわいいんだけど、私は知ってるの。ラグビーの選手は、あのとき、本当は子どものことなんか考えられない。もう戦いは始まっているんだもの。これからぶつかるんだもの」

ラグビーは、ワールドカップのラグビーは、ひとりずつの心に棲む。照れて緊張して愛らしく手を引かれる少年少女を見ながら、紳士的な選手の裏に燃え盛る闘争心、透明な狂気をもっと見た。なんたる自由。そんな感情の動きがいつまでも列島に刻まれるのだ。

本稿の締め切りは10月20日の決戦（この表現を何度も使えるのがうれしい）より手前に設定されている。ただいまのところ大会の特別な記憶は「ジャパン、アイルランドを破る」と「ジャパン、アイルランドに続いてスコットランドを破る」で間違いない。身びいきでなく世界レベルでもそうだろう。個人的には「魂のウルグアイがフィジーのハートを打ちのめした」釜石鵜住居のよく晴れた午後の出来事も忘れがたい。

勝利の道には段階がある。

２０１５年。９月19日。ブライトン。油断してくれた超大国（スプリンクボクス）に中立地で勝った。

２０１９年。９月28日。袋井。まったく油断しない大国（アイルランド）に暑さが残り湿気の多いホームで勝った。

同10月13日。横浜。まったく油断せず尻に火がついた大国（スコットランド）にずいぶん過ごしやすくなったホームで勝った。

ここでの「超大国・大国」は、その時点のランクでなく国際ラグビーの長き評価に準じた。ビッグよりも大きなジャイアントはニュージーランドと南アフリカだけなのである。巨人ではないが大男のスコットランドとの激突前に「ジャパン優勢」の見立ては広がった。伝統強豪国を相手には史上初である。だからこそ白星の意義は深い。知らない世界で勝利できたからだ。そして、ひとつ上に進めば、さらに上の段階がそこには待つ。

10月20日。東京。まったく油断しない超大国にホームで…。

最後にスプリングボクスのラッシー・エラスマス監督の開幕前のコメントを紹介したい。いわく「スコアボードは実力を表していない」。９月６日の熊谷。ジャパンを41―７で破ったあとの会見、これは社交辞令ではないと感じた。

準々決勝のスコアがどうなろうと「すでに」発言の正しさは証明されている。スコットランド人はもうスコットランドへ帰ったのだから。

初出＝『ラグビーマガジン』２０１9年12月号（ベースボール・マガジン社）

## 想像をも楽しめる幸せ

ホテルの玄関の外にいるのに最上階のミーティング室の声が聞こえてしまった。高層ビルにぶつかる風のせいかもしれない。

南アフリカ代表スプリングボクスを率いるラッシー・エラスマス監督が「いかにジャパンを倒すか」について語り始めた。

「彼らは元気だ。疲れを知らない。この世に『永遠に足を動かし続ける選手権』があれば全員優勝。だから開始20分までに4トライ奪うしかない。そのころまでなら私たちも日本人のようにきびきびと走れる。同じように素早かったら？　大男が勝つ」

続けて。

「万事、でっかく力強く。キックは東京タワーの高さまで。こちらにはサイズとパワーがある。陸上選手のスピードで走る者もいる。作戦を迷わずやり抜けば自然に勝つ。うまくいってるか悩む必要はない。ジャパンは私たちの迷う瞬間を待っているんだ」

さらに。

「あの高速アタックも無視しなさい。あれは見て楽しむもので追いかけるものではない。こっちと思えばあっち。あわれスコットランド人はそれに付き合って国へ帰った。それより攻撃の元栓を締める。スクラムを押す。体当たりで地面に埋め込む。以上」

なんて想像を楽しめる。赤白の勇敢な選手たちのおかげだ。全試合に全力を尽くした。余力を残す元世界王者に対して不利は確か。それでも「このチームなら」と思わせてくれる。歴史は進んだ。

初出＝「東京新聞・中日新聞」２０１９年10月18日

## 平尾誠二が夢見たラグビーの「理想型」がいまの日本代表にはある

快挙が蹉跌に光を当てる。ワールドカップにおける日本代表のヒストリーも例外ではない。2019年、とうとう8強入りを果たした。しかもプール組の1位通過で。すると1999年の失意がよみがえった。第4回のウェールズ大会。監督はあの人物であった。敬称略を許してもらおう。平尾誠二。いまから3年前の10月20日（今回の準々決勝の南アフリカ戦と同日である）に雲の上へと向かう。1997年2月。34歳でジャパンの監督に就任した。いま思うと、大変な名誉であって、なお酷でもあるのだが、本格的な指導経験なしに頂点の指揮を託された。

ジャパンは第3回の南アフリカ大会でオールブラックスに17—145の惨敗を喫していた。ともに故人、宿澤広朗監督、平尾誠二主将で臨んだ第2回大会の健闘で「魅力に富んだ独自性」をせっかく評価されたのに、指導体制が替わると、パワーに偏る戦法や一貫性を欠くセレクションなど、海図なき航海へと戻ってしまう。専門誌の売り上げが大きく落ちるなどラグビー人気は低下した。

停滞を打破、なんとしても湿地帯を抜け出したい。そこで選手としてリーダーとして国内で勝ちまくったヒーローに「ジャパン再生」の声はかかった。京都・伏見工業高校で、国民的なテレビ番組『スクール☆ウォーズ』の題材ともなる全国制覇、同志社大学に進めば史上初の全国大学選手権V３を遂げ、神戸製鋼では7年連続日本一のまさに主役を務めた。19歳４カ月にしてジャパン入り、選手で３度のワールドカップを経験していた。文句なしの経歴だった。

初めから、勝つだけでなく日本のラグビーを変革する役を担った。後年、２０１５年の南アフリカ戦勝利から現在への流れによって、実は「強国からの勝利こそが本当の変革をもたらす」とわかるのだが、当時は、華のある才人が登場しないと、日本のラグビーがますますしょんぼりしてしまう、という危機感があった。

**もっと個がたくましく。もっと個が判断をできるように**

就任1年後、本稿筆者はインタビューした。若き日本代表監督はこう言い切った。

「個人の差を詰めて、ようやく、日本の形がどうだとか攻め方がどうだとか、という話が出てくる」

　正直、時間切れになると思った。指導者が、目標との関係を熟慮、先に日本のスタイルを定め、そこから逆算して選手選考、戦法完遂のための体力やスキルを積み上げていく。「一般的な基本」ではなく「戦法に応じた基本」を身につける。これが挑む側（環境、選手層、体格、経験などで）にふさわしい手法ではないか。先に個人の差を詰める。戦法はその先に。それでは時間との勝負に負けてしまう。ウェールズ大会は全敗に終わった。

　平尾監督の問題意識は正しい。「もっと個がたくましく。もっと個が判断をできるように」。そうでないと、どのみち通用しないのだから。そして、20年後、ジャパンの後進は「個人の差を詰める」鍛錬と「日本の形」の追求を同時進行させた。もちろんジェイミー・ジョセフHC（平尾ジャパンのナンバー8であった）の率いる代表である。

　個がたくましく判断もできる。当たり負けず、押し負けず、それどころか押し込んで、駆け引きをしながら攻め守る。あのとき平尾誠二には見えていた景色のはずである。ファンに見せたかった景色でもある。

　現在のジャパンには「日本の形。日本の攻め方」がある。あえてキックを多用して混沌（カオス）を演出、試合の途切れる時間をなるだけ減らす。あらかじめ混沌に備える体力、判断、意思伝達の能力を醸成してあるから、混沌は混乱とならず、ただ相手の混乱をもたらす。そうした構図を描き、3年を費やして磨いた。ひとつをきわめると応用も効く。アイルランド戦、スコットランド戦では、一転、キックをなるだけ用いず、ひたすら短いパスでアタックを仕掛けた。見事に「プランＢ」は機能する。ほとんど自由自在にも映った。「自由自在」。平尾誠二その人の墓碑銘である。

「個人の差を詰める」ことと「日本の形」は本当は両立した。しかし、あのころの環境では「個」を強調しないとメッセージとして弱いと考えたのかもしれない。エディー・ジョーンズだってジェイミー・ジョセフだってコーチを始めてほどない34歳であったらうまくできたかわからない。その声を聞けぬのが無念なのだが、いま、たとえば放送席で「解説の平尾さん」がジャパンの猛攻を凝視したなら「これや」とアナウンサーにふられる前につぶやくだろう。

初出＝FRIDAY DIGITAL（講談社）２０１９年10月20日

## 悲しい歌が怒らせた

### 準々決勝　NZ46―14アイルランド

まれにしか使えぬ言葉だ。

「完璧」。10月19日の東京・味の素スタジアムのオールブラックスは完璧だった。ラグビーのワールドカップ準々決勝、アイルランドを46―14で大会の外へ放り出した。猛タックル。高速アタック。手がつけられない。

もしかしたら「怒り」が闘争心に火をつけたのかもしれない。試合前、例の勇猛な舞い、ハカが始まる。たちまち大きな歌声が黒いジャージィの雄たけびをかき消した。

アイルランド応援歌『ザ・フィールズ・オブ・アセンライ』の大合唱である。英国圧政下の飢餓にトウモロコシを盗んで、家族と引き離され囚人船でオーストラリアへ送られる男マイケル…。哀愁を帯びた歌詞と旋律がかえって興奮を呼ぶ。ラグビーそのものを題材とする勇ましい曲は意外に浸透しない。余談だが、日本代表の応援には「うさぎ追いしかの山」の『故郷』がよいと思う。

ハカを歌声で無力化する試みは礼を欠くのか。それとも観客の権利か。ともかくオールブラックスは怒った。怒ったように映った。『…アセンライ』が試合前を上回る音量でこだますることはついになかった。

１９８９年11月18日。アイルランドは地元ダブリンにオールブラックスを迎えた。ハカの開始。緑のジャージィの主将、名物男のウィリー・アンダーソンは同僚に横一列で肩を組めと命じ、自身は真ん中に立つと、じりじりと前へ進んだ。相手の主将と限りなく接近。「まさかキスを」。スタジアムを不安が包んだ。寸前で止まり回避された。これがハカへの抵抗の「最初のアイデアと実践」とされる。

その試合の結果は23―6。オールブラックスが勝った。

初出＝「東京新聞・中日新聞」２０１９年10月23日

## よく生きるための痛恨の学び。

### 準々決勝　フランス19―20ウェールズ

　フランスのラグビー界にこんな隠語がある。「ラ・フルシェット」。フォークのことだ。肉に突き刺すと赤い汁が静かに染み出る。嫌な予感がするでしょう。

　そう。「目玉えぐり」を意味する。大男たちが塊で押し合うモールの中でおもに行われてきた。ここについては後述する。

　ワールドカップ準々決勝。レ・ブルーことフランスは最高で最低だった。開始直後から小さな菓子をポンポンと口に放り込むようなリズムでウェールズを翻弄する。5分弱、7分強と約2分間に2トライ。最初のひとつは背番号5、ニューカレドニア生まれのセバスチャン・バアマイナが203㎝の体をインゴールへねじ入れた。

　あっ。いいときのフランスではないか。違った。よくあるフランスだった。いいときを悪いときがいきなり襲う。最高と最低、喜びと怒りは常に接近している。

　19―10の後半7分過ぎ。モールにそそり立つバアマイナが、身動きのとれないウェールズのアーロン・ウェインライトの顔面をなぜか肘で打った。カード。色は？　レッド。南アフリカ人の主審、ヤコ・ペイパー（試合後、肘打ちポーズでウェールズのファンと写真に収まり準決勝から外された）により退場は告げられた。

快勝の流れはよどんだ。14人－15人でスコアは19－13の同34分。フランスは自陣最深部の自軍投入スクラムで後退、球をかっさらわれてトライを許す。ゴール成功。1点差で敗れた。

あの場面もフランスだった。

6点リードの残り6分だ。なんとしても球をキープ、ゴール前を脱出しなくてはならない。なのに退場者を欠いたままの7人、しかも左右のバランスの崩れた配置でスクラムを組んだ。

全世界のラグビー好きは「だれかバックスをフランカーの位置へ」と叫び、ウェールズ人は「このまま気づかないで」と黙っていた。案の定、人員が不足の右側をあおられた。精密なスクラム理論でとどろく国の粗雑。不思議だ。

冒頭のフォーク。名著『傭兵の告白』（論創社）で知った。ニュージーランド人の著者、ジョン・ダニエルは、プロ創成期の1997年から9シーズン、フランスでプレーした。オックスフォードで英文学を修めたライターでもあるFWは、鋭い観察とユーモアをたたえる文章で異文化を綴る。

各クラブは愛郷心を体現する。「教会の鐘楼のために戦う」のだから流血をいとわない。個の気まぐれへの鷹揚と集団の結束は微妙に溶け合っている。暴力には寛容で「目玉えぐり」もしばしばだ。某日、ダニエルは報復する。終了後の交歓会で相手の古株の選手にわびると、笑いながら言った。

「試合ってのは、ああやるんだ」

そうした土壌が、無用の肘打ちへの欲求を呼ぶ、との解釈は成り立つ。ただしフランスはこの勇猛な競技による人格陶冶の熱烈なる信奉者でもある。

「ラグビー、人生の学校」

かつての同国連盟の標語だ。

ニューカレドニアのヌメア近郊に現れた背の高い少年は、地元の高校からフランスのプロに誘われて光を浴び、世界の祭典に初めて臨み、28歳になる前の日、ウェールズ人への愚行におよんで、ほどなく代表引退を明かした。よく生きるための痛恨の学び。セ・ラヴィ。これも人生さ。

初出＝『ナンバー』989号（文藝春秋）2019年10月31日

## ただ負けた。
## ただでは負けなかった。

準々決勝　日本3―26南アフリカ

ロシア人の蹴り入れたキックオフの球をリーチ マイケルがつかみ損ねた。

一抹の不安がよぎった。

そうやって始まったジャパンのワールドカップは、同じ人物が地球規模の称賛を浴びながら、絶対に下を向かぬルーザーとしてスタジアムを去ると、ここに終わった。

記者会見。英雄的なキャプテン、リーチ マイケルは言った。

「満足はしない。でも誇りに思う」

本稿の幕もまたここに閉じたくなる。ほかに足すべき言葉はあるのだろうか。

後半40分34秒。グリーン&ゴールドのジャージィの19番、RG・スナイマンに、赤と白の稲垣啓太とヴァル アサエリ愛が強烈なタックルを浴びせる。２ｍ６㎝、１１７㎏の巨木は芝に埋まった。

消耗しながらも、いま、最後の最後、ジャパンはまだ生命を維持している。本当はへばっている南アフリカ人は、もうひとつトライを積んで母国からやってきたファンを喜ばせようとの方針を撤回、球を真横へ蹴り出した。ロンドンの法廷弁護士でもあるレフェリーのウェイン・バーンズさんが左手で終了の笛を吹いた。

放送席にいて感銘を覚えた。

ああ、ジャパンが、準々決勝で、勝ち上がるためになりふりかまわぬスプリングボクスに「ただ」負けたのだ。3―26。前半は優勝候補を大いに困らせ、後半、底力を思い知らされた。

ただならぬ白星を重ねて、ついに「ただ」を手にできた。プール最終戦の対スコットランドの歓喜、この夜のスプリングボクス戦の80分間、小刻みなフットワークとせわしないパスワークが身上のジャパンは気がつけば、大股で大河を渡っていた。そこには強国と強国のただの勝ち負けという地平が待っている。

もういっぺん書こう。

ジャパンは、セミファイナル進出のかかるワールドカップのノックアウト戦で、ラグビー史のジャイアント、スプリングボクスとぶつかり、最初の40分は3―5と競って、残りの40分は0―21と突き放されました。ただ力が足らず敗れたのです。

前半。ジャパンは攻めて耐えた。

ハーフタイム時点のスタッツ。

南アフリカとの比較（％）で、ポゼッション（ボール保持）は「68」対「32」。テリトリーは「46」対「54」。タックルの数が「31（ミス5）」対「91（同12）」。フィールドの中盤で長く攻めた。数字は優勢を示している。しかし内実は辛抱の時間でもあった。

スプリングボクスは攻められるのが嫌いではない。むしろ愛している。相手に球を持たせ、特大の砂袋が高速で飛んでくるようなタックルで狙い撃ち、ダメージを与えつつミスを誘う。巨漢、怪力、俊足がそろうので、抱え上げ、締めつけて、ひったくり、一気に走り切れる。

考えられるジャパンの3通りの選択。

壁と重いヒットを避けてキックを多用。

壁と重いヒットから逃げず、細かなパスを多用、ハイテンポのランニングを貫く。

そのふたつの融合。

全勝のプール戦を振り返ると、ロシア、サモアにはキックをよく用いた。いま思えば、体力温存の意図も隠されていた。格上とされたアイルランドとスコットランドに対しては、精巧なパスとラン、沸いては吹きこぼれるサポートで仕掛け、攻撃＝防御の構図に持ち込めた。

準々決勝のキックオフ。胸に桜のジャージィは、直後から、キックをまぶしながらも、ハイテンポのスタイルでアタックを続けた。前半10分、南アフリカのテンダイ・ムタワリラが同じ背番号の稲垣を持ち上げて落とし、黄色（限りなく赤に近かった）のカードをもらった。15人対14人。これで拍車がかかったのかもしれない。

当然、モンスターのごとき緑の壁は立ちはだかる。ジャパンの素早いつなぎを外のスペースで許すとやっかいなので、極度に速く前へ飛び出し、なるだけ内側で衝突しようとする。急流を止めるには元栓をペンチで閉めればよい。ラックにありったけの圧力をかけ、小柄な9番、流大、めまぐるしく変わる旋律を自在に操るマエストロ、田村優を標的に体当たりする。

ヒットは無慈悲だった。パスの運ばれる先をあらかじめ封じる対策も万全に近い。ジャパンの23番、途中出場のレメキ　ロマノラヴァが終了後の映像配信のインタビューでこの人らしく率直に語った。

「めちゃ分析されてました。全部わかってた。サインプレーも。だれかがビデオ撮ってたんかなあというくらい。俺らがコールしてるとき、ああ9番が回るやつね、と相手が話してましたから。このレベルまでくるとそうなる」

敵の術中にはまるのか。

そうでもなかった。

スプリングボクスの恐怖もまたふくらんでいた。開始3分過ぎ。スクラムを起点に際立つ速度の11番、マカゾレ・マピンピが田村をかわして先制するも、以後、複数の決定機にミスが発生、加点できない。このまま守ってばかりでは、いつかへビーなボディーを動かす燃料は切れる。堅牢な巨壁に小さな亀裂は忍び寄っていた。

勝利会見。ラッシー・エラスマス監督が明かした。

「たくさんのプレッシャーにさらされました。とりわけ試合のペースのところで」

５―３。あるいは３―５。僅差のスコアは南アフリカにもジャパンにも誤算かもしれなかった。前者にすれば、あれだけ守れたのにトライはひとつ。後者にとっては、あれだけ攻めてもノートライ。ぎりぎりの綱引きは残り40分に引き継がれ、列島のため息とともに決着を迎える。

後半７分１秒。敵将が心より望んでいただろう事態が起こる。田村が前半に負った肋骨の傷で退いた。ハーフタイムの鎮痛の注射も及ばなかった。

もうしばらく「攻め続ける」という辛抱を続ける。スプリングボクスの脚がついに止まる。とうとう「攻め続ける」は辛抱でなくなる。ジャパンの勝機はそこにあるはずだった。

だが、その前に、スクラム、ラインアウト、モールの圧にさらされ、まさに、ここが「ただの敗戦」なのだが、ＰＧを臆病なまでに刻まれて安全圏へ逃げ込まれる。

３―14。天秤は傾いた。後半24分過ぎ、モールが長旅に出た。30ｍ、40ｍ。怪物フッカー、マルコム・マークスが前方でちぎれ、攻守にうるさいハーフ、ファフ・デクラークにつないでトライ。コンバージョンも成って3―21。白黒は決した。

ジャパンはただ負けた。そしてジャパンはただでは負けなかった。

ジェイミー・ジョセフＨＣ（ヘッドコーチ）は会見で述べた。

「最後の5分、20点もの差をつけられて、なお絶対にあきらめない態度を示せた、これが我々の将来の助けになる」

後半40分29秒。背番号12の中村亮土が、初戦の開始5分みたいな出足で、鋭敏なルカニョ・アムを倒す。前半、福岡堅樹が、世界のスピードスター、チェスリン・コルビを置き去りにした瞬間と並ぶハイライトだった。

おしまいに未来が見えた。希望をかなえた者の特権である。


初出＝『ナンバー』週刊文春10月30日臨時増刊号「ラグビー日本代表W杯総集編 桜の結実。」（文藝春秋）２０１９年10月24日

2019年10月20日　東京スタジアム

| 日本 | 3 | | 26 | 南アフリカ |
|---|---|---|---|---|
| 後半 | 前半 | | 前半 | 後半 |
| 0 | 0 | T | 1 | 2 |
| 0 | 0 | G | 0 | 1 |
| 0 | 1 | PG | 0 | 3 |
| 0 | 0 | DG | 0 | 0 |
| 0 | 3 | スコア | 5 | 21 |

| 日本 | | 南アフリカ |
|---|---|---|
| | FW | |
| 稲垣啓太（パナソニック）<br>→中島イシレリ（神戸製鋼） | 1 | テンダイ・ムタワリラ<br>→スティーヴン・キッツォフ |
| 堀江翔太（パナソニック）<br>→坂手淳史（パナソニック） | 2 | ボンギ・ンボナンビ<br>→マルコム・マークス |
| 具智元（Honda）<br>→ヴァル アサエリ愛（パナソニック） | 3 | フランス・マルハーバ<br>→ヴィンセント・コッホ |
| トンプソン ルーク（近鉄）<br>→W･ファンデルヴァルト(NTTドコモ) | 4 | エベン・エツベス→RG・スナイマン |
| ジェームス・ムーア（宗像サニックス） | 5 | L・デヤハー→F・モスタート |
| リーチ マイケル（東芝） | 6 | シヤ・コリシ |
| ピーター・ラブスカフニ（クボタ） | 7 | ピーター＝ステフ・デュトイ |
| 姫野和樹（トヨタ自動車）<br>→アマナキ･レレィ･マフィ（NTTコム） | 8 | ドウェイン・フェルミューレン<br>→フランソワ・ロウ |
| | BK | |
| 流大（サントリー）<br>→田中史朗（キヤノン） | 9 | ファフ・デクラーク<br>→ハーシェル・ヤンチース |
| 田村優（キヤノン）<br>→松田力也（パナソニック） | 10 | ハンドレ・ポラード |
| 福岡堅樹（パナソニック） | 11 | マカゾレ・マピンピ |
| 中村亮土（サントリー） | 12 | ダミアン・デアレンディ |
| ラファエレ ティモシー（神戸製鋼） | 13 | ルカニョ・アム |
| 松島幸太朗（サントリー） | 14 | C・コルビ→F・ステイン |
| 山中亮平（神戸製鋼）<br>→レメキ ロマノ ラヴァ（Honda） | 15 | ウィリー・ルルー |

シンビン【南ア】T・ムタワリラ
得点：トライ（T）5点、ゴール（G）2点、ペナルティーゴール（PG）3点、
　　ドロップゴール（DG）3点
日本選手の所属、企業名は当時のもの

# ありがとうジャパン。

開幕のロシア戦。決戦にあらず。大切な大切な試合。

そこからは。

対アイルランド。決戦。

対サモア。これだって決戦。

対スコットランド。決戦。

対南アフリカ。決戦。

決戦を制して次が決戦となる。いまなら。すでに結果を知っているのだから。それを至福と呼んでしまおう。ありがとうジャパン、ありがたいほど贅沢な時間の流れだった。

ハイライト。めったにないから、そう呼ぶはずなのに、光が当たり、光を放つ瞬間は続いた。

山中亮平のキックはロシア陣めがけて長い長い軌道を描いた。伸ばした手の指先の先で代表入りをつかんだ男は、ここにいるのは当然という風情で躍動していた。

アイルランドの人気者、ＤＪでもある背番号1、キアン・ヒーリーをちぎって捨てた。吠えに吠えたり。右側の太い柱、具智元の感情の発露は、おおげさでなく、列島の涙を誘った。

引き下がらぬサモア人から白星を引きはがした。被トライ後のリスタート。トンガ生まれの拓殖大学元キャプテン、ヘル ウヴェ、ほんの6分ほど前にベンチより投入された好漢の格別なターンオーバーよ。そこから攻撃開始、みずからの砕氷船級の突進をまじえ、福岡堅樹の後半35分のトライは生まれた。白星を確かにさせて、のちに成就の4トライ獲得のボーナスポイントまで「あとひとつ」の貴重なスコア。背中に「19」の数字、忘却を許されぬヒーローである。

初めてが永遠。稲垣啓太は「いつもと違う光景」を見た。しおれるスコットランドの濃紺を横目に、みな自分めがけ駆け寄ってくる。

前半25分過ぎ。堀江翔太が上体をスピンさせながら防御線の向こう側へ。ジェームス・ムーアからウィリアム・トゥポウ。そこへ赤白の1番は近づいた。左に浮いたパスをつかんでインゴールへ。ジャパンにおける33試合目での初体験だった。

「普段はトライした選手を追いかけて励ますような感じ。逆に、あの時は励ましにきてくれた」

実はトゥポウが倒された直後にクリーンアウトするつもりで走っていた。「それができたら外に展開して違うだれかがトライを獲っていた」。うわべのきれいごとではない。本当にラグビーを生きている。

準々決勝。ラッシー・エラスマスがひどく喜んでいる。立って、叫び、また叫んだ。興奮、と、描写しても間違いではない。緻密な計画立案と分析でとどろくスプリングボクスのヘッドコーチは興奮していた。

勝ったから？　いいえ。開始3分に先制したから。相手はオールブラックス？　いや。ジャパン。うれしかった。いま、巨人の居並ぶ巨人国と普通に戦っている。ひとつのトライがこんなにも貴重な相手として遇されている。

英国のガーディアン紙の名文記者であるアンディ・ブルは、スコットランドを振り回したジャパンの前半の攻防についてこう表現した。

「獰猛（ferocity）」

力ずくではないのに残忍で荒々しい。ラグビーの理想だ。

初出＝『ラグビーマガジン』12月号増刊「ラグビーワールドカップ2019総決算号」
（ベースボール・マガジン社）

## 夢、吹っ飛ぶ。

### 準決勝　イングランド19―7NZ

計画と才能。イングランドの勝因だ。開始から98秒での先制トライ、いや、その少し前、オールブラックスの勇猛で厳粛なハカの時間からすべては組み立てられていた。

黒いジャージィが、ナンバー8、キアラン・リード主将を先頭に「逆Ｖの字」の隊形をこしらえて舞う。すると胸に薔薇の白の集団は「Ｖの字」を形成、取り囲むように向き合った。ハーフェイラインをはみ出すのは御法度、しかし、両端は禁をおかして少し前へ出る。失礼だが、ぎりぎり無礼ではない距離。策略はなされている。

ラグビーの母国を率いるオーストラリア人、おなじみ、エディー・ジョーンズＨＣ（ヘッドコーチ）のオールブラックス論をかつて聞いたことがある。

「彼らに考えさせること」。それが勝利の条件なのだと言った。いつものようにプレーすると連中は世界一だ。いつもとは違うことを起こさなくてはならない。

これまでの他国よりも激しくハカにチャレンジされる。「そんなの気にしない」と考えるのも、気にしていることだ。心は動いた。

キックオフ。いきなり無欠の流れが始まった。

滑らかでスキルフルな10番、ジョージ・フォードが右へ蹴ると見せかけて、頑丈でスキルフルな12番のキャプテン、オーウェン・ファレルへ球を手渡し、意表をついて左へ。ラック。黒衣の9番、アーロン・スミスがタッチの外へキックする。おそらく望んでいただろう左ラインアウトを得ると、リスクの少ない前方で確実にキャッチ、右展開。背番号で記すと13番、6番が猛々しく縦へ出た。ダイレクトなパワー。体を当てた者は、いきなりイングランドの当たりの重さを感じたはずだ。

右展開。FBのエリオット・デイリーが後方から走り込んで、防御にくる10番、リッチー・モウンガを振り切った。そう。イングランドには「1対1」になればスピードやパワーで王者を上回るアスリートがひしめいている。

右ラインのきわから左へワイドな展開、折り返し、右PRのカイル・シンクラーが、対戦相手の身上でもあるオフロードを成功させる。これは試合を通して心理的にも効いた。勝手に書くと「私たちだからできることを彼らはできる」。ゴール前へ迫り、一連のアタックで最初に衝突を仕掛けたCTBのマヌ・トゥイランギがフィニッシュした。

試合後の会見。ジョーンズHCは述べた。

「チームの力の差はわずか。心理的なアプローチはますます重要だ。なにが彼らにエネルギーを与えているのかを理解、それを取り除かなくてはならない」

ニュージーランド人はラグビーがうまい。うまさを存分に発揮すれは必ず勝つので自信がふくらむ。自信があるから、萎縮を逃れたスキルやゲーム感覚の鋭さはいっそう発揮される。この循環を断つには、試合が始まってすぐに「いつもとは違う」と考えさせなくてはならない。

前半７分43秒。

エディー・ジョーンズとその男たちの待ち望んだ瞬間は訪れる。

インターセプト！

トゥイランギが宙のパスをかっさらい、ファレルへつなぐ。そこから落球があって得点には結ばれなかったが、オールブラックスの「いつもの自由自在」を躊躇させる効果は確かだった。

以後、ブレイクダウンの劣勢もあって、イングランドの厳しく前へ飛び出す防御に対して、そこに向かっていきながら自信満々でつなぐのではなく、かわすパスワークに流れるようになる。簡単に外へ蹴り出すような奇妙な消極性も顔を出した。

勝者から見て前半は10－0。後半はトライなし、３ＰＧを積んだのみだ。いきなりのトライ奪取とインターセプトは、猛攻ののろしというわけでなく、全方位攻撃のチャンピオンから自信をはぎ取る「心のディフェンス」の始まりとなった。

こぼれ球はことごとく白のシャージィの所有物となり、黒いほうは、せっかく奪い返した球をミスでたびたび失った。

最終スコアは19―7。3連覇の望みはついえた。

オールブラックスの誤算は、きっと準々決勝の完璧にあった。アイルランドに7トライをたたみかける46―14の完勝。自信に満ちて自由自在だった。前線での衝突やセットピースにも引かない。

あまりの出来のよさが、なくはなかった不安、すなわち「球技としてのラグビーのうまさにセレクションが傾いてはいないだろうか」をマスクした。

結果がこうなると、いや、こうなってあらためて、10番から14番の顔ぶれの「軽さ」が気になる。それは俊敏にして軽快ということでもあるのだが、モウンガ、ミッドフィールドにジャック・グッドヒュー、アントン・レイナートブラウン、WTBにセブ・リース、ジョージ・ブリッジが並ぶと、問答無用の迫力やキャリアの奥深さには欠ける。前回大会の経験者はいない。

ここは4年前の優勝の一員でもあったボーデン・バレットをSOに戻し、6年前から代表のライアン・クロッティ、際立つアスリートのソニー＝ビル・ウィリアムズをCTB、冷静なベン・スミスをFBに配するほうが相手はこわかったのでは。

もちろん結果論だ。でも、大勝が日常（準々決勝すら）のチームの陥る穴は、いつでも、そうなってから語られるのだ。

敗軍のスティーブ・ハンセンHCは、勝者をたたえ、こう語った。

「傷ついたが恥ずかしくはない」

ブリッジはもっと端的だった。

「いきなりの全速力。ものすごいエネルギー。最初から鼻を殴られた」

そんな攻防だった。

初出＝『ラグビーマガジン』12月号増刊「ラグビーワールドカップ２０１９総決算号」
（ベースボール・マガジン社）

## 使命感が奏でた凱歌。
決勝　南アフリカ32―12イングランド

歴史は繰り返された。

1995年。2007年。2019年。

スプリングボクスは12年にいっぺん世界の頂点に立つ。決勝ではひとつもトライを許さない。

丸太の腕とワイン樽の腰の大男たちが、スクラムとモールを前へ進め、砂袋を屋上から落とすようなタックルで、そこにいる人間をつぶし、地面に埋め込み、青あざのスタンプを押しまくる。

どの栄冠もそうやって勝ち取った。

それは、ワールドカップ参加よりも前、肌の色で人間を差別したアパルトヘイト（人種隔離政策）期の「おそろしく大きな白人による無慈悲なラグビー」から一貫するイメージでもあった。

そして歴史は創造された。

グリーン&ゴールドのジャージィをまといゴールドのトロフィーを主将が掲げる。そこまでは過去2度と同じ光景だ。

しかし、いま、その栄誉に浴する背番号6のシヤ・コリシは、それはそれは貧しいタウンシップ（旧黒人居住区）に育ち、少年のころ、栄養を満たす食事と穴のあいていない靴を知らなかった。

歓喜の直後の記者会見。若き日、この姿を想像できたか？　と聞かれると言った。

「思いもつかなかった」

12年前の優勝は自宅にはテレビがないので近所の食堂で観戦した。砂埃の生まれ故郷とスプリングボクスのキャプテンはもっとも遠い距離にあるはずだった。

コリシの率いるチームは新時代の多民族、多文化の象徴を担いながら、ラグビーそのものについては「どうあるべきか」より「どうすべきか」に徹した。こと芝の上では旧態のスタイルを迷わずに遂行したのである。

開始キックオフ。イングランドが確保。9番、ベン・ヤングスが、身上の巧みなコントロールのキックを蹴り上げる。

南アフリカのナンバー8、ドゥエイン・フェルミューレンが宙に跳んでつかむ。胸には薔薇、白いジャージィの左WTB、ジョニー・メイは「100m9秒台級」の自慢のスピードと188㎝の長身で倒しにかかる。着地の寸前、首尾よく下半身に腕はかかった。巨木の体が横たわる。

よくある場面だ。なのに、この後の展開は静かに予告されていた。

倒れ方がゆったりしていたのだ。

悪くないタイミングでつかまえたはずがパタンと地面に寝なかった。擬音を続けるならソローリ。痛覚とは無縁のタフガイのぶっといヒップが回した腕をはじき返し、下へずらした。倒した側のメイが鼻のあたりの痛みを指で撫でた。

体格。腕力。足の速さ。長短高低のキックの正確性。オールブラックスとニュージーランド国民に泣きべそをかかせたイングランドの強みが本日は強みにならない。それどころか時間の経緯とともに強みは弱みへと変換された。

ボクスことスプリンクボクスはスクラムで実に6度の反則をもぎ取り、ハンドレ・ポラードの右足がそのつど3点を積み上げた。ヘビー級のイングランドが、あえなく後退する様子に「ジャパンのスクラム担当の長谷川慎コーチはやはり敏腕なのだ」というふうに思考はめぐった。負傷の影響がおよぶまでは、これだけの強大重厚な塊とがっちり組み合っていたのだから。

ボクスのラッシー・エラスマスHC（ヘッドコーチ）は、スクラムの完勝について、こう語った。

「ことをなしたあとに私は賢かったなどと口にしたくない。そうすると、多くの人が不快に感じるから。ただ計画を厳格に管理しただけだ」

ジャパンとの準々決勝ではベンチに6人のFWを配した。BKは2人のみ。「爆弾部隊（ボム・スコッド）」と呼び、後半にフレッシュな推進力を「投下」する。ともにワールドクラスの実力者、左プロップ、スティーブン・キッツホフ、フッカーのマルコム・マークスがあとになって出てくる。2m超のロックが引っ込むと、また2m台の元気者が登場する。大会を通し、FWの前5人については、特定の選手に出場時間が偏ることがなかった。

この「計画」によって何が可能か。

答はひとつ。

あらゆる地域のあらゆるスクラムとモールを敵陣ゴール前のごとく押す。そのための脚力を残していた。ここは押してくるぞ。それなら工夫と準備で対応できる。しかし、どこでも、どんな時間帯でも押してこられると心身の構えも追いつかない。オールブラックスにあれだけ圧力をかけたイングランドのこれほどの劣勢の理由である。ラグビーの母国の失速と無念を簡潔に表わした一言がある。

「なぜ、こうなったかはわからない」

雄弁の人、エディー・ジョーンズHCのいつにない会見コメントだ。こうも述べた。

「選手たちは本当に素晴らしい準備をしてきたし、誇りと情熱を持ちプレーもしてきた。なのに、きょうは不足していた」

1週間前の同じ言葉を知っている。

エディー・ジョーンズのチームに蹂躙された人物、ニュージーランドのHC、スティーブ・ハンセンは例の小声を発した。

「長い時間、ずっとよかったのに、きょうに限っては十分でなかった」

これも歴史のリピートだ。ひとつの大会の短期決戦における繰り返し。すなわち、最高のあとに最低が待ち構える。

イングランドは準決勝で、準々決勝で完璧だったオールブラックスを黒くて薄っぺらな紙のごとく扱い、トーナメントの外に吹いて捨てた。激しいぶちかまし。妥協とは無縁の積極性。執拗なボール奪取。重いスクラムに高いラインアウト。ダイレクトな迫力がうまさを圧倒した。

そこに成功体験の罠は忍び寄った。

油断ではない。必然のような流れ。ここの領域は解読や分析の外にある。あんなにうまく運んだのだ。流れに乗ろう。すると、別の大波に呑み込まれる。

絶えることのない向上心、過去4度のワールドカップ指導経験、ファイナルの指揮は2度目、そんなエディー・ジョーンズですら抗しえぬ流れ、そこに関わる者すべての意識の微妙な動きが、たくましいイングランドをしょんぼりとさせた。

ボクスは流れをつかまえた。というより流れそのものになれた。開幕翌日、プール戦でいきなりオールブラックスと対戦、13―23と速攻に敗れた。

「あの週はひどく緊張しており準備もひどかった。負けたことによって準々決勝、準決勝にどう臨んだらよいかを学べた」（エラスマスＨＣ）

以後、おそらく決勝での再戦を意識しながら、ゆったり、しかし着実に、同じ傾斜角度で山を登った。うるさいジャパンを封じた「ベンチにＦＷ６人」の成功をさらに研いで、先鋭化させ、いちばん大切な試合の前に完成させた。

全地域・全時間帯の押しまくりを幹としつつ、パワー任せではないスキルやゲーム理解もちりばめられていた。

14番、チェスリン・コルビは、最大級の殊勲者である。後半34分の閃光のトライのことではない。前半30分前後、３点を追うイングランドの猛攻にさらされながら、インゴールを明け渡さず、ＰＧの失点にとどめた。複数あった大ピンチ、身長１７０㎝のスピードスターは、さりげなく空間を埋めてフィニッシュのパスを妨げた。

反対側のＷＴＢ、マカゾレ・マピンピもランに空中戦に能力を発揮、パワー主体の攻守にモダンな彩りをもたらす。後半26分、みずからの裏へのキックをきっかけにルカニョ・アムのリターンパスを収めて大会６トライ目を挙げた。力ずくではなく軽快なスコアが、むしろ、守勢のイングランドの心理をえぐった。おしまいの時間は近づいた。

ヘリコプター用エンジン製造メーカーの元品質管理マネージャー、フランスのレフェリー、ジェローム・ガルセスの終了の笛が横浜の夜に響く。32―12。ここから先、スプリングボクスの歓喜はスタジアムの外へ飛び出さなくてはならない。

さっそくシヤ・コリシは話した。

「南アフリカを愛している。私たちが力を合わせれば何でもできる」

無論、ラグビー代表の示した結束を社会にそのまま重ねては楽観に過ぎる。

エラスマスHCの発言は意味が深い。

「南アフリカ国内におけるプレッシャーとは職を得られぬ状況や近親者が殺されることを意味します。だからラグビーがプレッシャーにつながってはならない。ラグビーは希望を創造すべきなのだ。それは我々にとって重荷ではなく特権なのです」

スクラムと使命感の奏でた凱歌。

初出＝『ナンバー』PLUS「ラグビーW杯2019桜の証言。」（文藝春秋）2019年11月9日

## 2019年11月2日　横浜国際総合競技場

| 南アフリカ | 32 | | 12 | イングランド |
|---|---|---|---|---|
| 後半 | 前半 | | 前半 | 後半 |
| 2 | 0 | T | 0 | 0 |
| 2 | 0 | G | 0 | 0 |
| 0 | 4 | PG | 2 | 2 |
| 2 | 0 | DG | 0 | 0 |
| 20 | 12 | スコア | 6 | 6 |

| 南アフリカ | | イングランド |
|---|---|---|
| | FW | |
| テンダイ・ムタワリラ<br>→スティーヴン・キッツォフ | 1 | マコ・ヴニポラ→ジョー・マーラー |
| ボンギ・ンボナンビ<br>→マルコム・マークス | 2 | ジェイミー・ジョージ<br>→ルーク・カウワン＝ディッキー |
| フランス・マルハーバ<br>→ウィンセント・コッホ | 3 | カイル・シンクラー<br>→ダン・コール |
| エベン・エツベス→RG・スナイマン | 4 | マロ・イトジェ |
| ルード・デヤハー<br>→フランコ・モスタート | 5 | コートニー・ロウズ<br>→ジョージ・クルース |
| シヤ・コリシ→フランソワ・ロウ | 6 | トム・カリー |
| ピーター＝ステフ・デュトイ | 7 | サム・アンダーヒル<br>→マーク・ウィルソン |
| ドウェイン・フェルミューレン | 8 | ビリー・ヴニポラ |
| | BK | |
| ファフ・デクラーク<br>→ハーシェル・ヤンチース | 9 | ベン・ヤングス→ベン・スペンサー |
| ハンドレ・ポラード | 10 | ジョージ・フォード<br>→ヘンリー・スレード |
| マカゾレ・マピンピ | 11 | J・メイ→J・ジョセフ |
| ダミアン・デアレンディ | 12 | オーウェン・ファレル |
| ルカニョ・アム | 13 | マヌ・トゥイランギ |
| チェスリン・コルビ | 14 | アンソニー・ワトソン |
| ウィリー・ルルー<br>→フランス・ステイン | 15 | エリオット・デイリー |

得点：トライ（T）5点、ゴール（G）2点、ペナルティーゴール（PG）3点、
ドロップゴール（DG）3点

## 完璧な勝利が敗退を招く

成功が失敗を招く。人生もそうだろうか。万事、際立つ結果を残した経験がないので、よくわからない。

でもラグビーではその通りだ。先に閉幕のワールドカップ日本大会。決勝の場にニュージーランド代表のオールブラックスは不在だった。準決勝でイングランドに負けた。7―19。スコアが不当なほどの完敗である。

最有力優勝候補がなぜ？　準々決勝の出来がよすぎたからだ。

開幕時の世界ランク1位、アイルランドを寄せつけない、なぎ倒し、振り回し、押しつぶした。7トライを奪う46―14の大勝だった。

あまりの上出来が「メンバー編成が俊敏な者にばかり傾いている」という危うさをマスクした。腕力と体格に恵まれる南アフリカ、イングランドとぶつかると危ない。本稿筆者は開幕前にそう踏んだ。ならば「予想を当てて」得意か。違う。あのアイルランド戦を見て、やっぱり、これは強いや、と思ったのである。

そして、ここが興味深いのだが、オールブラックスの指導陣もそう考えた。頼りになりそうなベテランを控えに退け、直前の大成功をなぞろうとした。イングランドはパワーで「うまさ」を封じ込めた。

決勝。なんとイングランドが同じ穴にはまる。南アフリカの端的な肉弾戦にしぼんだ。まるで1週間前のオールブラックスである。

油断とは異なる。59歳のエディー・ジョーンズＨＣ（ヘッドコーチ）は、成功ゆえの緩みを熟知している。でもこうなった。会見で言った。「なぜかはわからない」。そこにいる人間すべてのかすかな心の動きが勢いや流れを変える。どうやら科学の範囲ではない。それはラグビー学の解けない難題である。

初出＝「東京新聞・中日新聞」２０１９年11月６日

## 努力、団結
## ラグビーの勝利

最初に聞いた声はこれ。

「あー、なんでこんなに楽しいんだろう。まだ何も見てないのに」

開幕戦に向かうシャトルバス、名古屋からやってきたらしい女性が友にそう言った。

おしまいの声はこちら。

「一昨日より貯金を始めました。4年後、フランスへ行くための」

あと2年ほどで定年を迎える勤め人の男性だ。かの地で次回大会は開かれる。

始まりと終わりの言葉のあいだに歓喜と落胆と充足があった。歌が鳴り、ビールのたるは空になり、桜を胸に黙々とスクラムを組んだ男たちが外を歩けば振り向かれるようになった。

優勝は南アフリカ。腕力と体格のイングランドを腕力と体格と気迫で圧倒した。この国に負けた日本はやはり強かったのだ。そう連想させるほどの充実だった。

そして、終了から数時間を経て、覇者すらも脇役なのだと思えてくる。勝敗は後回しという意味ではない。栄冠への執着に興奮したからこそ、すでに勝ち負けを遠い出来事に感じるのだ。

ラグビーに勝者はない。敗者もない。ラグビーそのものがすでに勝っている。

こう書いてもよい。ラグビーには、試合の白黒とは別の勝負が随所にある。

すでに大差をつけられて、なおトライを阻もうと繰り返されるタックル。人間はここまで踏ん張るのか、と観客の心が動けば、その瞬間は負けているのに勝っている。

もちろん、日本のベスト８進出は忘れられない。歴史の前進を目撃できた。ファンも同じ船に乗っている気持ちになった。努力。団結。あまりにも美しい響きが実感として迫ってきた。

アイルランドとスコットランドに勝ったから感激した。でも負けても感動はしただろう。南アフリカ戦。最後の最後の場面に猛タックルを浴びせたのは日本だった。

ラグビーの勝利だ。

初出＝「東京新聞・中日新聞」２０１９年11月４日

## シヤ・コリシ
## トロフィーを掲げる人間の生き方

最初、計算を間違えたと思った。その話を知った昨夏の為替レートで「423円」。現在はもっと安い。南アフリカ通貨で年間「50ランド」。それだけの小学校の学費が払えなかった。

ラグビーのワールドカップ（W杯）を制した同国代表スプリングボクスのキャプテン、シヤ・コリシは、そんな境遇に育った。

11日、帰国後の優勝パレードの旅を終えた。前日にはコリシの故郷、旧黒人居留区のズウィデにも凱旋した。

28歳、いまや社会的な名士は幼少期をそこで過ごした。母を若くして亡くし、父は職を求めて離れ、祖母に育てられた。ベッドはなく床にソファのクッションを敷いて寝た。

世界一となった直後の会見。隣の席のヨハン・エラスマス監督が言った。

「難事を成し遂げたと口にするのは簡単です。でも食べ物も靴もなく学校に通えなければ、それは本物の厳しさだ。シヤにはそんな過去があった」

学校で配られる小さなパンが貴重な栄養源だった。父の好きなラグビーを始めると、空腹を満たすため、もっぱら砂糖水を飲んだ。

転機は12歳。ラグビーの活躍が目を引き、名門であるグレイ校の奨学制度の対象となった。寮生活が快適な食事と睡眠をもたらす。これまでとは大違い、ふかふかの芝の上でラグビーの潜在力を発揮、プロ選手の道がひらけた。

7年前、亡き母が父と別の男性とのあいだに授かった妹と弟が施設にいると知り、長期の法的な手続きを経て、養子に迎える。白人である妻のレイチェルも歓迎、実子とともに4人の兄弟姉妹の家庭を築いた。

トロフィーで世の中は変わらない。しかしトロフィーを掲げる人間の生き方は、ほんの一歩ずつであれ、世の中を前へ進める。

初出＝「東京新聞・中日新聞」２０１９年11月20日

# ●インタビュー

## 福岡堅樹
# トライ、トライ、トライ、トライ!

大きくて強くて速い人はいる。小さくて強くて速い人もいる。でも、小さくて強くて速くて巧くて、大きな勝負で大きな結果をことごとく残す人は、歴史に照らしても、めったにいない。

うれしいではないか。日本で開かれたワールドカップ(W杯)の日本代表にこの人がちょうどいた。

福岡堅樹。アイルランド戦のトライにインターセプト。サモア戦でのフィニッシュ。生きるか死ぬかの対スコットランドでは、格別なボール奪取と際立つランの合わせ技でベスト8入りをぐんと引き寄せた。

15人制のジャパンとはこれでお別れ。7人制代表での東京五輪代表をここからはめざし、そのあと、2020年度のトップリーグ参加で現役生活のフィナーレへ。やっと訪れた休息の期間、最後のW杯を語ってもらった。

**信じていたスペースに走り込んだ。**

――いま、こうなって、電車に乗れますか？

「僕、大丈夫です。マスクさえしていれば。あごヒゲでイメージがついているらしくて、ここさえ隠していれば気づかれません。堀江（翔太）さんや稲垣（啓太）さんのようにシルエットでわかってしまうことはありませんので」

　さっそく振り返ってもらう。

　アイルランド戦の後半18分のトライ。敵陣深くのスクラムからサインプレーで仕掛けて、最後はラファエレ　ティモシーの素早いパスを受けてインゴールへ。

――まず仕掛けのサインプレーが実に効果的です。ふたつの短いパスだけで大きくゲイン。あれはアタック担当コーチのトニー・ブラウンが考えたのですか？

「はい。（8月の釜石・鵜住居での）フィジー戦でも見せた動きなのですが、一人ひとりが役割をまっとうしてくれたから、あそこにスペースが生まれました」

――レメキ　ロマノ　ラヴァが縦に突破、ゴールラインに迫る。つまり仕掛けが成功した。

左端にいて、あそこで心がけることは？

「はやってフラットに立ち過ぎないことですね。もらったときにスピードに乗れないので。本当は、もう少し早くボールがほしかったんですけど、姫野（和樹）やアサ（ヴァル アサエリ愛）さんがひとつ、ふたつ縦へいって。でも、ああなったからこそ、ディフェンスがそこで止まり、逆側をチェックして順目に回ってこなかった。いろいろな意味でうまくいったというか」

――想定外の状況になっても的確な距離と深さを保ちました。

「それがWTBの仕事だと思っているので」

――痛快なフィニッシュ。ラファエレのいわゆるクイックハンズに反応できた。あそこは。

「僕の内側がティム（ラファエレ）でした。彼ならいくら詰められても放してくれる。どこからでもボールを出せる。信じて、そこのスペースに走り込みました」

**沁みついたもの。**
**考えてきたこと。**

緊迫の後半37分。7点を追うアイルランドのアタック。フェイズは「15」まで積み上がった。ここでジャパンの左WTBは、まさに値千金のインターセプトに成功する。ゴール前でつかまるも相手に落球させ、自軍投入スクラムを得る。あれで限りなく敗北の危機は消えた。

――映像を見返すと、福岡堅樹の外には、10番の田村優がひとり。もしインターセプトをしくじったら危険でした。

「リスクはありました。ただ、ずっと相手が焦っていると感じていて、ターンオーバーできればチャンスだろうと。本当は、もうひとつ外を狙うつもりでした。ただシステム上、内が詰めたら外は反応しなくてはならない。そのための練習も繰り返してきた。ひとつ内側で（中村）亮士さんが、しっかりプレッシャーをかけてくれたので、相手は判断の余地なくパスを放った。ゆるりとした、いちばんインターセプトしやすい球になってくれて」

――結果、見事にかっさらった。あの瞬間の判断は、本能と理性、どちらがそうさせるのでしょう。

「考えてはいるのですが、では、短い時間にそこまで頭がめぐっているのかというと、たぶん少し違う。やはり一瞬に判断して、あとから言葉をつけて説明する感じです。体に染みついていること、しっかり考えてきたこと、両方ですね」

――独走の途中に場内のスクリーンを見て、追ってくる人間の位置を確かめた。最初、いくらなんでも格好よすぎると疑いましたが、映像には目の動きが記録されていました。

「ちゃんと見てます。アキ（山田章仁＝元日本代表WTB）さんが（2016年の）ミレニアム・スタジアムのウェールズ戦で独走しながらスクリーンを見たことが、一瞬、頭をよぎりました。また、あの位置なら顔を動かさずに視野に収まるので」

――どう判断しましたか。

「両側から追ってきていた。僕は（自分の背中の）右側の選手が近く見えたので、左へ（ステップを）切ったのですが、足が速いのは左側の（キース）アールズでした。反対に切っていたら、もしかしたら走り切れていたかもしれないとは少し思いますね」

――当日に急遽ベンチ入り、ふくらはぎ負傷で万全でなく追いつかれるかもしれない。何を考えましたか。

「まず走り切ることを考えながら、相手の動きに合わせてボールをつなぐ方法を探る」

――つかまったあとに相手のノックオンになります。

「タックル後に相手がボールを獲りにくるのはわかっていました。最後の抵抗というか、ボールを置いたあと、ちょっと指で引っかけました。あまり長くそうするとノットリリースを取られるので、本当に、獲られる瞬間だけ指でくっと引っかけてノックオンを誘う」

――いったい、いつ覚えたのですか。

「WTBはどうしても孤立するので、少しでも時間を稼ぐ技術というか、倒れてからのワンアクションはいろいろ考えてきました」

## 「ハガネ」での練習の結果。

　サモア戦。後半35分。トライを許した直後のリスタートのチェイス役として持ち場の左から右へ回り、それが奏功、ターンオーバーからの連続攻撃でインゴール右へ。終了寸前にかなう4トライ奪取へ望みをつないだ。後半16分に交替出場。「ベンチからのインパクトの選手としてボーナスポイントを意識していた」。短い時間に務めを果たした。

　いよいよスコットランドとぶつかる。ようやく先発の機会は訪れた。開始17分。左タッチラインのきわを疾走、タックルを浴びながら左手でオフロード、松島幸太朗のスコアを導く。同39分、ラファエレの裏へのキックに鋭く反応、世界レベルでも屈指のFB、スチュワート・ホッグを軽々と抜き去った。そして、後半2分のハイライト。スコットランド人の懐から球を抜き取り、落ちるところをすくい、そのまま走り切る。

――スコットランドはジャパンのアイルランド戦の映像を徹底的に分析してくる。例えばショートサイドをうまく狙うアタックに対しても備えたでしょう。なのに戦い方を変えませんでしたね。

「研究したから、どうかできるというものではありません。仮に（相手が）ショートサイドに人を増やすなら、ジャパンはハーフが判断して、順目を攻めるだけですから」

――最初のトライ。松島につなぐ前、13番を外へ抜きました。

「個人的には抜き切って、15番を寄せて、パスで最後はマツ（松島）のトライとイメージしていたんですけど、相手もうまく手を引っかけてきて。でも15番が僕のほうに向かってきたのは見えていたので、なんとかつなげば彼なら（トライを）獲ってくれるだろうと。本当に気持ちよかったですね」

――前半終了直前の自身のトライについて。

「モーションから（ラファエレが）蹴るな、と、すぐにわかりました。自分の中にもその可能性は常に持っていたので、相当にいいスタートが切れて、スピードにものすごく乗った状態でボールを捕れた」

――バウンド、ボールの跳ね方もあらかじめ知っている？

「100％ではありません。ただ、経験則で、だいたい、このあたりに跳ねるというのはわかってコース取りはしています。スピードを落とさずに捕れる範囲にはいます」

――後半2分の重要なトライ。あれも練習通りだと、最終選考までジャパンの布巻峻介が観戦中に教えてくれました。

「そうです。なかなか試合で実現するシーンはなかったですけど、6月の宮崎合宿で、ボール奪取に特化する『ハガネ』グループに入れられまして、ジャッカルや上半身に入ってリップする（もぎ取る）練習をしてきました。手がスペースに入れば、引き抜くだけで、ボールはこぼれ出るんです。あれが活きました」

**爽快。コルビを抜いた。**

目標を達成。未知の領域へと進めた。「自分たちで勝ち取ったもの。あとは、やってきたことを出し切るだけ」。背番号11の心境だった。そこに本気の南アフリカ代表スプリングボクスは待ち構えていた。

「ワールドカップでトップを狙う国の底力を感じました」

前半は3―5。それが精一杯だった。トライの好機がひとつあった。開始13分強。福岡堅樹、ボクスの14番、チェスリン・コルビをビート。外へきれいに抜き去った。

――あのシーンの解説を。

「気持ちよかったですよ。スピードランナーというのは、どちらかというと外は大丈夫という油断がある。外に自信がある分、内に重点をおくので、案外、ああやって外に切ると反応が遅れる。一瞬、出遅れさせると、ハンドオフのスペースもできて振り切れます。ただ（抜いたあとにキックを）転がしておけばトライになったかもしれない、という後悔はありますね」

――さすが、スプリングボクスはしぶとかった。

「（FBのウィリー）ルルーと1対1になって、完全に外を警戒しているのがわかったので、内に切ってタックルを入れさせながら放したいとは思ったんですけど、（CTBのダミアン）デアレンディがボールもしっかり殺しにきた。それだけのフィジカルの強さもありました。内側のサポートは見えていたので、あそこはトライにつなげたかったですね」

――大会の顔ともなるコルビについて対戦に備えて研究しましたか。

「もちろん分析はしました。僕とはタイプは違うなと思いました」

――具体的には。

「コルビ選手は外に抜くよりも内のほうが得意なんです。（防御の）釣り出し方に違いがある。外にいくぞと見せて、相手が警戒して一歩スピードを上げた瞬間に内に切るキレは僕にはないものですし、そこからの加速力で勝負している。僕は基本は外なので。一発でトライにつながるところはよさなのかなと。海外でも外にいく選手は意外に少ない。僕に似た選手はあまりいません」

――忘れられがちですが、スプリングボクス戦、キックのキャッチングは見事でした。

「どうしてもキャッチがフォーカスされるんですけど、エスコートと呼ばれるチェイスを止める動きがはまりました」

## アメとムチ。そして自信。

――大会を通してジャパンのアタックが称賛されて『コーチのトニー・ブラウンは優秀だ』はもはや世界の評価です。どこがどう優れているか教えてください。

「ひらめき。こんなことを考えてくるのか、という（サインプレーのような）動きをいろいろなところに入れてきて、また、それが、すごくはまる。ディフェンスをよく見て、どう崩すかについて、たくさんの方法を見つけ出す。信じたら抜けると思わせてくれる。言葉や態度では言い表せない何かを持っている。ジャパンの中ではアメの役割。ブラウニーを嫌いな選手はいないはずです」

――結果を出した男、ジェイミー・ジョセフＨＣについて。

「細かい。それは監督やコーチにとって必要な資質だと思います。ディテールを大切にする。なあなあなところはありません。自分の思っていることを正直に伝える。ムチの役をやり切ったのではないでしょうか」

――大き過ぎる質問を。ジャパン、なぜ勝ち進めた？

「自信。やってきたことへの信頼ですね」

新年開幕のトップリーグでの出場は7人制代表との関係で取材時には未定。「僕自身は出たいと思っています」。いくつかの試合では実現しそうだ。27歳。パスをつかむと同時に入場チケットの価値は高まる。その最終コーナーを凝視せよ。

初出＝『ラグビーマガジン』２０２０年1月号（ベースボール・マガジン社）

## 具智元
## 「スクラム、きれいに割れました」

吠えた。泣いた。そして笑った。

すると、みんな、幸せになった。なんというのか、もう、とろけちゃった。

具智元（グジウォン）。秘めたつもりで、なお、隠し切れぬ闘争心。波にさらされる船を海に落ち着かせるイカリのごときスクラム。ドルにも円にもウォンにも換算できぬ最高のスマイル。縁の下の力持ちは、ワールドカップ（W杯）におけるジャパンの快挙とともに列島の人気者になり、老若男女に心の平穏を授けた。

「愛されるグーくん」から「国際的スクラメージャー」へ。このほど日本国籍取得、韓国に生まれ、中学生で海峡を渡ったホンタヒートの25歳は、さらに上昇気流をつかむだろう。三重県鈴鹿市のクラブハウスで「あのとき」と「これから」を聞いた。

――南アフリカとの準々決勝からそれなりの時間が過ぎました。いまの心境は？

「そうですね。高校2年のときから絶対の目標として頑張ってきた大会に出られて、しかも終わったあとにも応援されている感じがして。ラグビーの注目度が上がって、始まる前とは全然違う。いま、夢のような気持ちです。本当に」

――大分県佐伯市の公立中学から日本文理大学附属高校へ進み、2年生で、U17日本代表に選ばれた。そのときからW杯を意識していたわけですね。

「はい。ジャパンのジャージィを初めて着て、あれからずっと出たかった大会でいい成績を残せました」

――12月11日の東京・丸の内のパレード、どうでした？

「すごかったです。20分間歩いて、そのあいだ、ずーっと人が待っていてくれて。道だけじゃなくて、よく見たら、ビルの中や屋上にまで人がいて」

――こうなってしまえば、すべてが順調だったように思えてくる。でも、苦しい時期はあったはずです。

「7月の宮崎合宿でケガ（右手甲骨折）したときですね。タックルの練習で手から先にいってしまって。指がこう（と上へそらす）。いままで頑張ってきたのに不安で。本当、不安しかなかったです」

両親はソウル郊外に暮らす。「家族のカカオトークで報告したら、すぐお父さんとお母さんから、それぞれ電話がかかってきました」。宮崎市内の病院のロビーで母と話した。「正直、自分が不安なのに、お母さんが話せないくらい泣いていたので、なぐさめる側に。お父さんはタメ息をついて、まあ、仕方がないという感じでした」。

父の東春（ドンチュン）氏は韓国代表のそれは強靭なプロップであった。ジャパンを押しまくり、アジアの王者に輝き、ホンダヒートの前身、本田技研鈴鹿にも在籍した。だからラグビーにケガはつきものと知っている。それでも2学年上の智允（ジユン）（ホンダヒート所属。ＣＴＢ）とともに幼い智元を海外（ニュージーランドと日本）に出し、見守った歳月は「ハーッ」という一筋の吐息に凝縮された。

――W杯開幕まで2カ月強、焦るなというのも酷ですね。

「チームの高森（草平）ドクターが『全然いける（間に合う）』と伝えてくれて、メンタル的に安心はしたんですけど、痛くて箸も持てないし、ボールペンで字も書けないし、本当だろうかと、また不安になりました。でも3週目にテーピングしてパスをしたら、痛くなくなっていて」

――無事、復帰。開幕前、熊谷での南アフリカ戦で手応えを得たはずです。

「ボールを出さなければ、そのまま押し切れるスクラムもありました。相手のほうの頭が抜けて。すごく自信になりました」

——開幕のロシア戦は後半14分にベンチから。押しの強さで定評のバレリー・モロゾフと組み合いました。

「筋力はありました。重かった。でも、こちらのほうがシステムはちゃんとしているので、こわくはありませんでした」

**フッカー堀江のアドバイスがもたらした会心のスクラム。**

——さてアイルランド戦の前半34分過ぎの咆哮の場面を語ってください。もう100回は質問されたでしょうが。

「何回でも聞いてください」

——組み合う相手、キアン・ヒーリーは外から内へ回してきて反則を狙う。合言葉の『待ったら負け』で対抗しましたね。

「向こうが回してくる。押してくる。それに対して待たずに自分たちから仕掛けていく。ヒーリーが回す前に押す。7人で3番の僕を助けてくれる感じで。堀江（翔太）さんが『いま（ついていって）いるから』と言ってくれて、まっすぐ出たら、きれいに割れました」

——堀江とはずっと宿舎で同室でした。

「240日です。ふたりとも部屋では静かなんですけど、でもそこで、いろいろなことを教えてもらって、それがなければ、あのスクラムもなかったかもしれません」

――かくして吠えた。人気者の誕生！

「トライをしても声は出ないんですけど、スクラムを押し切って、きれいに割れると本当にうれしいです」

――後半、アイルランドも必死だった。

「スクラムも前半より重くなっていました。もっと押そうという気持ちを感じました。ペナルティーを取るまで押してくるので絶対にロッキング（脚を伸ばして押されぬように支える）はダメでした」

――続くサモア戦で右肋軟骨を痛め、スコットランド戦は、無念の途中退場。今度はジウオンの涙にファンが涙しました。

「始まってすぐ（18秒）にボールを持ったときに、たぶん軟骨が折れて。ずっと夢だったのに、もう出られないかと思うと涙が出てきました」

――勝ち進んでも出番はないと。

「そうです。スコットランドとの試合が終わってからは（控えの）木津（悠輔）にラインアウトのサインを教えたりしました」

――ところが。

「たまたま月曜のミーティングに向かう前、ジェイミー（・ジョセフHC）とふたりになって、日本語で『自信あるか？』と聞かれました。痛くても出たかったので『自信あります』と答えました。そしたら『金曜まで待つ。3番に入れておくから』と言ってくれて。本当、ありがたくて、感謝で。でも、正直、自信あると言ったあとで心配になったんですけど」

——痛みは消えてくれるのかと。

「それで、（ヴァル）アサエリ（愛）さんと（中島）イシレリさんに話したら、心配するな、5分でも20分でも出て、もし痛かったら交替すればいい。任せろ、俺たちがベンチにいるんだからと言ってくれて。それで自信を持って出られました」

——無事、スプリングボクスとの準々決勝に出場。ビースト（野獣）と呼ばれるテンダイ・ムタワリラと組み合いました。

「ムタワリラは（首を深く挿し入れずに）浅く組んできました。それがうまくいかないと回してくる。そういうところがすごくうまくて。ビースト本人も重いし、ロックも重い。南アフリカは熊谷のときより強くなっていました」

——底力。

「そうです。スクラムだけじゃなくてモールも強い。ディフェンスは壁でした。でっかい選手がふたりでタックルしてくる」

後半24分までは芝に立った。25歳のまさに大器にとっては、初戦からここまでのすべてが実りの時間だった。

「長谷川慎さんは本当の恩人です」

16年度、拓殖大学4年でスーパーラグビーのサンウルブズに呼ばれた。そこでスクラム指導のエキスパートと出会う。

大学の試合では「スクラムを組んだ後に窮屈と思ったら、自分で勝手に下がって、せぇーの、で押せてしまう」。長谷川流、ジャパンの方法は「こちらが固まって相手を窮屈にさせる」。正反対だ。

「なかなか覚えられなくて」

翌17年にふくらはぎを負傷。「4カ月、スクラムを組めませんでした」。これも禍を転じて……というやつなのか。復帰すると「クセが抜けていた」。以後、8人でひとつを実践、晴れの場で腕を突き上げた。

12月10日、ホンダヒートに合流、ここでのスクラムのメソッドは代表とは異なる。

「引き出しを増やしていきたいので楽しみです」。肋軟骨も順調に快復。トップリーグ開幕戦には「選ばれたら出場できます」。

同13日には日本国籍取得が報じられた。

「まわりの人のサポートや応援が本当にありがたくて、大学を卒業したころから、日本の国籍でW杯に出場したいと意識するようになりました」。父も理解してくれた。照れて細くなる目、その視線の先で広い世界がおいでおいでをする。

「いろいろなスクラムを経験してみたい」

押す。無慈悲に押す。温和な青年による破壊の準備はできている。

初出＝『ナンバー』993・994号（文藝春秋）2019年12月26日

## 長谷川慎
## 桜のスクラムが成就するまで。

11月末までヤマハ発動機ジュビロのフランス合宿に加わった。帰国後の本インタビュー、コーチのいかつい顔が崩れた。

「ちやほやされてきました」

ジャパンのスクラムは、いまや伝統のスクラム大国でも称賛の的なのだ。

２０１１年1月。長谷川慎は単身、フランスへ飛んだ。自称、プータローの時代。ヤマハでプロの指導者として身を立てるための修業の旅だった。あれから約9年、いわば原点の地への凱旋は果たされた。

スクラムとはゲーム再開起点にして反則奪取の機会、さらに心のバトルの最前線でもある。優れた専門コーチはメカニズムを分解、再構築、パーツを選り分けては成功と失敗の根拠を摘出、ときに選手を理屈の外へ導いて感情の発露を推進力とさせる。

16年秋の就任から世界8強へ。桜のスクラムはいかに完成したのか。語れるのは「スクラムドクター」のこの人物だけだ。

——道を歩いていたら『スクラムの人』と声がかかったとか。

「名前が出てこなかったらしく、あっ、スクラムの人。変わりましたね。選手がテレビに出演していると、普通のファンのように笑いながら家族と楽しんでいます」

——プロップが人気者になって。

「稲垣（啓太）が笑わない。比較されるんですよ。あれ、長谷川さんは笑うんですね。困ります」

——8強入りのおかげです。そこで、ジャパンのスクラムの構築について解説してもらえたらと。

「一言では難しいですね。いろいろなことがありましたから」

スクラム指導のエキスパートはいかなる経緯で誕生したのか。過去の取材ノートも参考にしながら軌跡をたどってみる。

京都の東山高校から中央大学へ。就職先は大手商社のつもりだったが、たまたまサントリーのラグビー部の新人採用枠があいて学窓の先輩の伝手で話はまとまった。

入社後にフッカーから左プロップへ転じる。1997年6月、ジャパンの同ポジションの選手が負傷、補充で途中出場の初キャップを獲得、翌年の対カナダ、またプロップ陣が故障、繰り上りで先発入りを果たし、以後、定位置を渡さなかった。

03年、W杯オーストラリア大会で組み合ったフランスのスクラムに刺激を受けた。「自分は勝っているはずなのに全体は負けている」。現役引退後、サントリーで指導の道へ。10年、清宮克幸監督の辞任にともない現場を去り、いったんは社業に励む。同年4月1日より群馬支店勤務。「仕事はおもしろかった」がラグビー指導の喜びを忘れられない。9月末日退社。恩人にあいさつした。「2019年のW杯の日本代表のコーチになりたいので辞めます」。いま思う。「言うとってよかった」。11年の春、清宮新監督の率いるヤマハへ。選手層は厚くない。「なにか日本一になるものが必要でした」。それがスクラムだった。研究、実践、浸透。押して押しまくり、4年後、日本選手権を制した。

——ヤマハでのスクラム強化の成功体験は大きいですよね。

「実は今回もヤマハに気づかされました。（8月の）網走合宿でスクラムを組んで、2、3本いかれたんです。ジャパンとして大事にしてきたことが新ルールなどを意識する過程で薄れていた。ヤマハはなんにも変わらず愚直に押してくる。プレヒット（組む前）、オンヒット（組む瞬間）、アフターヒット（組んだ後）のひとつずつの段階がきちんと整っていた。ジャパンは組む前のセット、組んだ後の体の使い方についてはおもに宮崎合宿で積み上げてきたのですが、なかなかヒットのところが埋まらなかった。そこが埋まったので前後がいきて（9月6日の）熊谷の南アフリカ戦で手応えをつかめました」

——17年の6月に来日のアイルランドとの連戦もひとつの転機だったと。

「初戦（22—50）では、ジャパンの背番号1、2、3のおのおのが（直接組み合う）トイメンに勝った気になっていた。でも押された。試合後は落ち込みましたが、夜中の2時、急に元気になって映像を確かめました。1番の稲垣と2番の堀江（翔太）は押してるつもりでも負けている。2003年のフランス戦の自分たちと同じ感覚。ばらばらに押しても、結局、ツケは3番に回る。そこで、あるところをちょこちょこと直したら、次の試合（13—35）では止まった。あのあたりからディテールが大切だとわかってくれたと思います」

細部に魂は宿る。膝の角度。目線。足の裏の使い方。ヤマハ流を他チーム所属の者に、日本的な緻密な指導を多国籍の選手たちにいかに行き渡らせたのか。16年秋のコーチ就任時には、仲谷聖史や日野剛志らヤマハ在籍のフロントロー勢がいて、そこからノウハウは伝播した。半信半疑の主軸、たとえば堀江翔太もしだいに信じ、ポジションを超えて、言語化できるようになる。

「リーチ（マイケル）は、もう、すべてをわかってるんじゃないですか」

海外出身者については気をつけなくてはならないことがあった。

「日本語の中の外国人はわかったふりをする。英語の中の自分もそうですから」。だから

「しつこく、しつこく」対話、映像を共有して「よい」と「悪い」の理解を深める。言葉の意味も突き詰めた。

一例。これはサンウルブズでのコーチングだが、ジョージア代表フッカー、ジャバ・ブレグバゼに「アタマハンコブンシタウワメヅカイ」なるキーワードを覚えさせた。頭半個分下上目遣い。スクラムの構えの秘訣だ。英語だと「アイズアップ」。それでは微妙なところが伝わらない。

「ジャバ、いまでも言えると思いますよ」

ジャパンには、中島イシレリ、ヴァル アサエリ愛というトンガ系の左右プロップがいた。「彼らも完全に日本人の組み方に徹した」。代表の選手は厳しい競争で「尻に火がついている」ので吸収は速い。ふたりは、ことに「言われたことをやろうとするセンス」に優れていた。

選手選考には関わらない。個を鍛えても次は呼ばれないかもしれない。だから先に「全員が理解して、ひとつの方向を見るシステムをつくる」。そこに「1、2年を費やしました」。ついで必要とされるスキルを磨いた。本年、顔ぶれがほぼ固定されてから「選手がボロボロになる鍛錬」を始める。システムを稼働させるフィジカリティーの獲得が順番としては最後だった。

**スコットランド戦は「弔い合戦」。稲垣その人が稲垣の仇を討った。**

いざW杯。第2戦で開幕時に世界ランク1位のアイルランドを破る。語り草の場面がある。前半34分。ジャパンがスクラムで反則を奪った。飛び切りの好漢、具智元の歓喜の咆哮は大会のハイライトのひとつだ。伏線があった。具のトイメン、かつては人気のDJのキアン・ヒーリーはヒットの直前に左足を外に開いて、角度をつけて内に崩しにかかる。

「あれは反則」。試合の週の会見で控えの右プロップ、木津悠輔が語ると、たちまち世界に広く報じられた。マインドゲーム、心理戦を仕掛けたのか。

「言わせたわけではありません。ただノンメンバーの木津でもそこまで相手をわかっている。対策をずっとしてきましたから」

命題はひとつ。具をひとりぼっちにしない。堀江が寄り添い、8人が一体、内への圧力に抗した。2年前の同じ相手との初戦の裏返しだ。合言葉は「マッタラマケ（待ったら負け）」。耐える＝耐えられない。先に攻める。「映像を見返してください。みんなマッタラマケと叫んでますから」。膨大な量の準備は一瞬に凝縮した。

対サモア。終了寸前のスクラムでノットストレート（自軍寄りに球を投入）のFKを得て、直後、ジャパンは計4トライのボーナスポイントを引き寄せた。勝ち点争いを気にするスコットランドのグレガー・タウンゼント監督は「信じられない判定」とコメントした。よほどひどくなければ見逃される古びた反則だからだ。

ここにも心のアヤはあった。「ナミビアが南アフリカ戦で3度取られている。スコットランドの監督は、この時点で南アフリカと当たる準備をしていないなと思いました」。スポーツのコーチはみな「準備」と口にする。ここまでしたら本物なのだ。

生きるか死ぬかのスコットランド戦での焦点は「ネルの罠にかかるな」。濃紺のジャージィの背番号3、ウィレム・ネルは「まあ、うまいこと落とします」。レフェリーには相手から崩したという印象を与える。過去の対戦で稲垣がしてやられた。

「だから弔い合戦」

稲垣その人が稲垣の仇を討つ。腕の使い方など対策は万全、落としてきても「落ちなくなった」。こちらが2度の反則を奪ってみせた。具の涙の負傷退場にもシステムはぐらつかなかった。

目標成就。準々決勝で南アフリカ代表スプリングボクスとぶつかり、前半は善戦も突き放される。時間の経過とともにスクラムも劣勢に傾いた。

「8人が100％で組んでやっとなんとかなる相手に対して、大会を通して身体にダメージが蓄積されて、前半のコンタクトでも削られ、90%、80%になったら、やはり勝てないなと」

スプリングボクスは、開幕前の熊谷での対戦時よりうんと進歩していた。構えは鋭くパワーの移行も滑らかだ。2m級の長身が並び、つまり強靭な体の幹も長い。「ほかの国となら1秒力をこめればよいところが3秒、4秒」。決勝を思い出そう。体格とパワーでとどろくイングランドが惨めなまでに押された。ジャパンの健闘がそれであらためて確かめられた。

「あと少しのところで世界一は見えている。あ、これ、スクラムの話ですよね?」

掛け値なしのステージで渡り合った者だけの実感だ。

先に日本代表との契約を延長、冒頭で触れたようにヤマハのコーチに復帰した。そこで、つい聞いてしまった。代表の選手たちが所属チームへ帰ってノウハウは筒抜けですね?

「いや。選手はコーチではないですから」

愚問は厚い胸に吸い込まれた。

初出=『ナンバー』993・994号(文藝春秋)2019年12月26日

## 2 【ジャパンの軌跡　2016―2019】

# 「エディー後」のジャパン。

## 「エディー後」のジャパン。

たとえば信号待ちの短い時間、ふと首のあたりがサワサワする。

あの午後のブライトン。南アフリカ人の意地の押しに曲がった最後のスクラム。もしフランス人レフェリーが赤白ジャージィの落ち度とみなして反則の笛を鳴らしていたら。サントリーサンゴリアス所属、日本をよく知る世界のマエストロ、フーリー・デュプレアが、そもそもスプリングボクスの背番号9で先発していたら。

もちろん、そうならなかったのは勝負のうちである。そして思う。仮に金星を逃がしてもジャパンは立派だった。「ゴロウマル」の忘れがたい響きを国民の多くが知らぬままであっても、釣りを愛するヤマハの社員、五郎丸歩は、見事な背番号15に違いなかった。

なぜなら、リーチ マイケル主将とエディー・ジョーンズHC（ヘッドコーチ）の率いる日本代表は、凱歌に躍る資格と同じように、悲運に泣く権利をつかんでいたからだ。ささいな「運」により白黒の反転する境地。ここに至るのが簡単ではない。

鍛え上げられた肉体、修羅場にぐらつかぬ確信。長い合宿に養われた結束。丈夫な人たちが鉄の心を抱いて助け合った。

すべてはハードワークのおかげだ。

これからのジャパン。新しい指導体制は新しい方針を探るだろう。ただし、ひとつだけ変えてはならぬ「解」がある。日本のラグビーが強豪国に伍すための解。それは「質の高い練習を、おそろしくたくさん行う」ことだ。

自チーム（自国）の選手の個性を見きわめる。先端の情報を貪欲に集める。過去の成功と失敗をレビュー、高い目標を定め、戦法を創造、そこから逆算した技術と体力を培い、ひとつずつ層を積み上げる。コーチング、チーム構築の定理だ。ニュージーランドもオーストラリアもアルゼンチンもそうする。でも日本代表はそれでは足りない。質にとどまらず量を追い求めなくてはならない。

「日本が南アフリカに勝てるはずはない」は間違っていた。ただし「日本は南アフリカに勝てる」も正しくない。「おそろしくたくさん練習した日本は南アフリカに勝てた」が本当だ。ハードワークの定義とは「猛練習と長期拘束による技術の自動化および体力の定着」である。

すでに次回の日本開催ワールドカップに向けて競技規則改正の動きは始まった。トライ6点。PG2点。もし、そうなればトライの価値はうんと高まる。どうやらモールの執拗な押しも将来的には制限される方向だ。ジャパンにも、それこそポジションの区分や配置を変更するくらい大胆な発想は求められる。一例、SH（9番）に従来の枠を超えて長距離キックや重いコンタクトをこなす万能型を配するような。

そのうえで繰り返すけれど「ハードワーク信奉」を手放してはならない。

帝京大学3年の勤勉かつ剛毅なロック、飯野晃司。中学までサッカーのゴールキーパーで、ゆえに走り込みの経験に乏しく、愛知県の公立高校でラグビーに転じると最初はへばった好漢よ。大東文化大学3年の軽やかで強靭な9番、小山大輝。北海道のかつての炭鉱町に育ち、もともとは野球少年で、ラグビー公式戦の経験もなしに道中学選抜セレクションに登場、たちまち「なんだこいつは」と関係者を驚かせた逸材よ。筑波大学3年の万能バックス、山沢拓也。蹴ってよし、抜いてよし、駆けてよし、何してもよし、埼玉は深谷に現れた格別な才能よ。ニュージーランドの同世代の何倍も跳んで当たって投げてください。深く深く考えてください。

それが、それのみが、桜を再び開かせる養分なのだから。

初出＝『ナンバー』894号（文藝春秋）2016年1月21日

## 彼らは必ず前へ進む。
### 日本30―33ウェールズ

ラグビーの魂の土地、その聖なるスタジアムに勝者を敗者に映す敗者があった。赤と白と桜のジャージィは悔しいのに堂々としていた。

ウェールズ。敵地カーディフ。ニュージーランドの先住民族マオリの血を引く大男の率いる新しいジャパンは、終了10秒前に王国の代表にDGを許し、30―33、冷徹なスコアの観点では敗北ながら、勝利の会見を沈鬱にさせた。ラグビー報道の厚いロンドンの高級紙、ガーディアンは「ジャパンのコウタロウ・マツシマ、アキヒト・ヤマダ、ケンキ・フクオカは実にワンダフル」と書いた。

1年と2カ月前。ワールドカップ（W杯）の南アフリカ戦を現地で取材、信じがたい大金星の直後、こう思った。

再びはあるまい。

巨人国を大きな舞台でやっつけるなんてもうありえぬ。ここは白状するほかないのだが、記者席から「日本のラグビーの生きる道」を長く考えてきた身には、想像の外の出来事が起きちゃって、素直に喜ぶ前にこれから大変だよなあ、なんて心配がふくらんだのである。

指導者とのハネムーンのツアーに「再び」はなかった。しかし、カーディフにおいて「再び」はすぐそこまで迫っていた。

ジェイミー・ジョセフHC（ヘッドコーチ）、堀江翔太、立川理道の共同キャプテンのジャパンは、7万強の目の肥えた観衆を「日本が卓球ではなくラグビーで南アフリカをやっつけた事実はまぐれにあらず」の証人とさせた。新顔の並ぶチームは短期での準備に力をつけた。以下、おさらい。

練習期間が9日のみで迎えたアルゼンチンには東京で大敗を喫する。

怪力格闘家の産地であるジョージアが、首都トビリシで仕掛けたレスリングを球技のスキルでかわした。前の試合で崩れたディフェンス方式が機能した。

対ウェールズ、世界ランク6位と互角の勝負を演じた。ここでも前の2試合で露呈したスクラムの課題が修正されていた。

中立地フランスでのフィジー戦、異質なランと狙い撃ちのタックルにミスが頻発、曇った空にたまに薄日の差すような攻防で負けた。「失望している。ここ数週間と同じような情熱をなくしていた」（ジョセフHC）。ただし終盤に追い上げてスコアは25－38。蹴散らされたのではなくゲームを落としたという印象は保てた。

3年後の自国開催W杯までジャパンの道は平易ではない。それでも必ず前へ進む。トップリーグには海外の旬の代表級が集って接戦は増した。帝京大学のプロ級の強化は他校の意識を高め、新卒の松橋周平（リコー＝明大出）がさっそく通用、入団2年の布巻峻介（パナソニック＝早大出）は世界の猛者と互角にファイトできていた。「頂上経験（南アフリカ戦勝利）」を知る主力の貫禄も若手に影響を与えている。プライドのレベルは上がった。

そしてジェイミー・ジョセフ。元オールブラックスなのだから負けるのは死ぬほど嫌いだ。赤ちゃんのごときスマイルにだまされてはならない。指導は厳格。母国でのウェリントン地区監督時代には「国代表の活動から戻った大物をすぐ起用せよ」という協会からの指示をはねのけた。有名に頼らず無名の向上心を伸ばして闘争集団を築く。「選手のエゴ」を許さない。

ウェールズを揺さぶっての称賛、フィジーに走られた失望、この落差はジャパンにつきまとう。強国と比べれば骨格で劣るからだ。では成と否を何が埋めるのか？

強度の高い練習。満々の意欲と闘争心。ジェイミーの愛する要素である。

初出＝『ナンバー』916号（文藝春秋）2016年12月1日

## ジェイミー・ジョセフ
## 2年後のイメージはできている。

氏族はマニアポトとランギタネ、先住民マオリの魂を抱いて生まれ、ファイト満々のラグビー選手へと育ち、母国の男の子にとっての最高の夢であるオールブラックスの一員となり、歴史上の英雄、ネルソン・マンデラ大統領の見守る有名なワールドカップ決勝を戦い終えると、プロ化の先駆として日本へ渡り、福岡・宗像の土地と人を大いに愛し、胸に桜のエンブレムの赤白ジャージィをまとい、ポン酢と魚介のコンビネーションの虜となって、帰国後、弱小とされた地方チームを率いるや鮮やかにスーパーラグビーのチャンピオンへと導いて、いまジャパンの指揮を執る。

ジェイミー・ジョセフ。

九州の高校の同級生にひとりはいたような風貌。憎めぬ笑顔。語尾の詰まった英語の訛り。緻密な戦法構築。寛容にして厳格を忘れぬ人心掌握。なによりもそこに現れた瞬間の存在の確かさ。昨年10月に実質の指導を始め、この6月、ルーマニアとアイルランドを迎えてテストマッチに臨む。

日本代表の33人を東京都内の会見で発表した直後、すぐ近くの小さな部屋で話を聞いた。現状。構想。それに、あの「毒を盛られた」ラグビー史の事件についても。

――先日、2年後のワールドカップ（W杯）日本大会のドローが決まりました。ジャパンはこのほど来日のアイルランド、それからスコットランドと同じプールです。比較的、幸運な組という報道や論調もあった。楽観論、間違いですよね。

「間違いです。アイルランドもスコットランドも近年はコーチングが充実していますから。ただ私自身は前向きにとらえています。いずれにせよ、ティア1（最上層）の国があって（ティア2の）我々がある。楽なプールなどそもそも存在しません。最善の準備を尽くすだけです」

――アイルランドを率いるジョー・シュミットは、あなたと同じニュージーランド（NZ）出身です。面識は？

「数度、会った程度です。ただ、彼が高い評価、尊敬を得ていることはよく知っています。アイルランドはシンプルなゲームを好みます。経験の豊かな選手たちがそれを遂行してくる。ディフェンスが強く、そこから相手にプレッシャーをかけてきます。我々もまた彼らにプレッシャーを与えなくてはならない。ただしサイズとパワーの違いがあるので、あくまでも独自の方法でそうしなくてはなりません」

――ジャパンはアイルランドのような強豪とは異なる方法で戦わなくてはならない。ひとつの真理です。他方、NZのラグビー人なら、相手がどんなにサイズに恵まれようが伝統があろうが、最初から通用しない領域があるなんて弱腰だ、と考えるはずです。ここのバランスについて。

「結局のところグラウンドに立てばスクラムを組まなくてはならない。ラインアウトで競り合わなくてはなりません。引くわけにはいかない。しかし、ストラクチャー（固定された起点からの攻防）主体のゲームになれば、やはりジャパンは不利だ。アンストラクチャー（崩れた状態）をつくりだす。ある種の混沌に陥れる。そこからペースを握る必要があります」

――独自性を堂々と発揮する……。

「ヘッドコーチの重要な仕事とは、選手が信じることのできる環境を創造することです。選手に自信を与えなくてはならない。それが私の務めです」

――就任直後の昨年11月、敵地カーディフの大観衆の前でウェールズに3点差の惜敗を喫します。約10日の準備期間、17人もが初代表組という条件にかかわらず、あえてキックを多用して混沌を生じさせる戦法はうまくはまりました。あれも日本の選手にふさわしいという確信があったのですか。

「準備の時間が極度に限られていたので、そうであっても選手が自信を持てるようにと考え、あの戦法に徹しました。（ウェールズの前の）ジョージア戦ともども、キックを多く用い、プレッシャーをかけ（相手の持ち込んだ球を奪う）ターンオーバーからトライを挙げられた。収穫は確かです。ただし、もっと効果的に遂行できていればウェールズにも勝てました」

――さらなる改善、改良も求められる。

「（スーパーラグビーの）サンウルブズでは、いまもコーチ陣の試行錯誤が続いています。私も関与しているので考えることと感じることは多くあります。日本の選手とチームにはどうするのがふさわしいのか。なかなか難しいのです。まずはウェールズ戦での戦法を磨き上げなくてはなりません。（アシスタントコーチの）トニー・ブラウンもこの期間はスーパーラグビーから戻ってくるので数週間をかけて前へ進めるつもりです」

**ジャパンは革新的な戦法で**
**北半球の強豪に対抗していく。**

――この6月のテストマッチはスプリント競争だが、W杯への準備はマラソンだ、と話していました。長期タームでの強化については組み合わせからして北半球のチームこそがターゲットとなりますね。

「それも6月から始まります。アイルランド、昨年対戦したスコットランドが大きく戦い方を変えてくるとは思えない。ジャパンはそれに対してイノベーティブ、革新的な戦法で対抗しなくてはならない。ただし現段階で、それを具体的に落とし込むのはまだ早い。選手もチームも若いからです。もう少し大会が近づいてから変化を求めるつもりです。当然、そこには代表入りの資格を得た外国人選手の起用も含まれます。サンウルブズの（南アフリカ出身の）ヴィリー・ブリッツが一例です。彼のようにその時点のスーパーラグビーで力を発揮する人間を加えることで、チームに深みは増すのです」

――いわゆる外国人選手、海外出身者のジャパン選考について。プロ化による人材の流動はますます盛んで、強豪国でも（サモア、トンガ、フィジー生まれの）パシフィック・アイランダーを素早く代表に抱える傾向は顕著です。日本でも以前ほどの議論は呼ばない。さりとて15人全員というわけにもいかない。どうしますか。

「かつてと大きく違うのは、サンウルブズというプロのチームの存在です。そこには日本代表入りの可能性のある外国人が参加している。彼らは、ただ海外から呼んでくる補強選手とは異なる。代表にふさわしいのか私が継続的に追えるからです。ただ、そうであっても、やはりジャパンにおける人数については意識をします。同じ実力なら日本の選手を選ぶべきだ。ここははっきりしている。明快に外国人の力が上ならそちらを選びます。結果、外国人の選手が3人になるのか13人になるのか現段階では、正直、わかりません。あらかじめ人数を決めるつもりもありません。現状、日本では外国人選手がたくさんプレーしている。それだけにどこまで、という問題はある。確かなのはポジションによって、ことにFWはフィジカルなところでどうしても彼らのパワーが必要になるということです」

――ラグビー好きの酒場の主人から伝言を預かってきました。いわく、ジェイミーさん、体の小さな日本のフランカーを見捨てないで。半分は冗談です。でも少なくないファンの心情でもあります。

「ひとつ言えるのは、トップリーグでベストの日本の選手は、しばしば体が小さい。おそらく他者とは異なる切り口でラグビーに取り組んでいるからでしょう。技術が磨かれて根性があるのです。もっとも、これが国際試合となると強豪国には小さなガッツィー・ガイ（根性のあるやつ）と同等の技術と心構えを持った大きなガッツィー・ガイがいる」

――やはり厳しいと。

「でも私の時代のジャパンのFW第3列のタケオミ（伊藤剛臣＝釜石シーウェイブスで46歳にして現役！）は、体重が92kgと細かったのに、スマートでスキルと素早さがあって通用していました。体の小さな選手が世界の場で渡り合うには、さらに一段上の特別な何かが求められます」

――昨年はジャパン選出を辞したリーチ　マイケル（マイケル・リーチ）をNZのチーフ

スから選びましたね。

「私にとって必要な選手を考えるとリーチは含まれていた。代表に呼ぶ以上、100%のコミットを求めます。かつてのジャパンでは外国人など一部選手は合流の時期について自己都合が認められていたのかもしれません。他国なら考えられない。いまはW杯という目標に向かって、それぞれがどういう心構えで臨むべきか明確です」

ジェイミー・ジョセフは、スーパーラグビーのハイランダーズで、無名選手を鍛え上げ、束ね、着々と戦績を伸ばし、15年、就任から4シーズンで優勝へ導いた。順調な指導歴の例外は13年、マア・ノヌーなど複数のオールブラックス重鎮の加入によってメンバー表は重厚になったのに、かえって不振にあえいだ。

――あの経験で何を得ましたか。

「学び、そこから生還しました。スーパースターが急に加わり、それを短期にまとめてグループにしていくことは簡単ではありませんでした。失敗です。バランスが崩れました。それぞれの個人の都合や事情、さまざまな背景や流れによって有名選手がやってくる。しかし、そこにハイランダーズへの忠誠心はさほど存在しないのです。同じことはジャパンについても当てはまります。心から代表に選ばれたいのであれば、いつからならいい、なんて、ありえない。いま。それだけです」

**選手が率先して動きを考えれば**
**さらにチームは強くなる**

――この国をよく知るあなたが代表を指揮して、あらためて知った日本の選手の強みはどのあたりでしょうか。

「素早さ、スキルフルであること。全般には、NZで用いる言葉なら、コーチャブルであるところ。コーチをしやすいのです。協力的で忍耐強い。これはラグビーに限らず、広く日本の文化なのだと思います。コーチの立場としては、そこに加えて、もっと選手の側から率先して動き考えることを求めたい。みずからをプロデュース、みずからをオーガナイズできれば、さらにチームは強くなります」

――よきコーチは、自分のチームの選手の評価を外部には明かさない。知っているつもりです。でも、ひとりだけ。陸上競技のハンマー投げ出身、ラグビーを本格的に始めて3年、所属の東芝でもおもに控えのプロップ、知念雄を選びましたね。

「際立つパワーがある。そしてコーチャブル。学ぶ姿勢がよく性格が前向きです。まだ即戦力には早いかもしれませんが、今回は入らなかった渡邉隆之（神戸製鋼）ともども可能性に恵まれている。このポジションに外国人の選手はまず見当たりません。その意味で、将来をにらんで経験を積むことは大切なのです」

——オールブラックスの元監督の自伝に、若きあなたが登場、見事なプレーをするがグラウンド内の規律に問題ありと。気性の激しい選手はいかにして思慮深きコーチとなったのですか。

「(スマートフォンを机の縁でシーソーのように動かしながら)よい選手は規律と激しさのギリギリのところにいるのです。私の場合、たまに、はみ出してしまった。コーチはそれではいけない。抑制と計画性を意識してきました。結果、現役時代とはまるで反対の態度を身につけました」

——個人的な質問を。95年のW杯、マンデラ大統領の見守る決勝で、あなたも一員であったオールブラックスは開催国の南アフリカに敗れます。数日前、ホテルの食堂で謎の女性に毒を盛られて大半が体調を崩した。有名な出来事は事実ですよね。

「多くの選手が苦しんだのが本当かと聞かれたらイエス。毒かと聞かれたら、わからない、と答えるほかない。私は平気でしたが忘れもしません。あれは(決勝前々日の)木曜です。マオリ伝統の(日本語で)ブタナベが夕食でした。本来なら決勝のあとに供されるはずなのに手違いがあった。監督はとまどっていました。その後、『ショーシャンクの空に』という映画をみんなで観賞していると次々とトイレに出ていくのです。最悪の事態は土曜の試合前まで続きました。紅茶に毒を盛られたというストーリーも本当かもしれない。でも、それが私の知っている事実です」

――貴重な証言です。さて2年後のW杯の対アイルランド、スコットランド、そのとき、こう戦うというイメージはすでに頭にあるのですよね。

「あります。どうプレーしたい、というより、どうプレーしなくてはならないか、そこが問われます」

――日本大会へ向けた決意を。

「準備はマラソンです。しかし、いざ開幕すれば、まずは（プール戦の）4試合限りのスプリントでもある。2敗したらもう厳しいのですから。アイルランドやスコットランドは長くプロとして戦ってきた。経験は豊かだ。我々もまたプロフェッショナルに対抗していく。暑さなど環境への慣れ。観客のサポート。有利な条件をいかすプランを打ち立てます」

初出＝『ナンバー』929号（文藝春秋）2017年6月15日

## アイルランドに連敗も「原点」で善戦。

### 日本13―35アイルランド（リポビタンDチャレンジカップ2017）

先蹴。昔のラグビー用語だ。ジャパンが開始キックオフを右へ。先に蹴る意味のひとつは「決意の表明」だろう。

SOの小倉順平があえて低い弾道のキック、身長196cm、アイルランドの大型ウイング、ジェイコブ・ストックデイルがつかみ、ライナー性の軌道でスペースに余裕があるから中央部めがけて走る。

6番のゲーム主将、この午後に「ハーフセンチュリー（50キャップ）」達成のリーチ マイケルが外から追う。からみ、倒しにかかり、ここが大切なのだが、衝突の直後、ぐいっと半身分ほど押し戻した。

前日の練習後の会見。リーチは言った。「50キャップまで9年の時間がかかりました。このタイミングでキャプテンの責任をもって（東芝の本拠地の府中に隣接する）ホームで戦えることに意味はあると思う」。感傷的な口調だった。さらに心構えをこう述べた。

「前回は相手のほうが必死さがあった。必死さを見せたい」

ジェイミー・ジョセフHC（ヘッドコーチ）はアイルランドの記者らに「明日、みなさんは（初戦とは）まったく違うジャパンを見ることになるでしょう」と語っている。

リーチのキックオフは象徴だ。ジャパンは体を張った。

13―35。後半は5―7。善戦と評しては、むしろ失礼だろう。負けは負けだ。ただ前週の第1テストマッチと比べれば、攻防の鋭さとひたむきさは大きく改善された。

ジョセフ体制のジャパンははっきりとしたスタイル（意図的にノータッチキックを多用して混沌を導く。外から内へと圧力をかけるNZ流のライン防御）を提示している。方針が揺るがないからこそ「いかに。いかなる気持ちで」は問われる。実践する選手、その集まりであるチームの「必死さ」がたちまち内容と結果に反映されるのだ。

象徴となる重要人物がもうひとりいた。36歳のLO、トンプソン ルーク。2年前のW杯で代表を退くも「最初に選んだ5人が負傷」（ジョセフHC）というポジションの緊急事態に急ぎ呼ばれた。タックル。タックル。ボールの争奪。難儀な仕事を自称「おじいちゃん」は全身で引き受けた。

開始2分30秒、スクラムの反則を得てアイルランドが速攻、ジャパンの4番は外の危険な空間を埋めようと素早く左へ開く。体重117kg、右PRのジョン・ライアンがパスを受けた直後、若き日、ダブリンのブラックロック・カレッジで腕を磨いたトンプソンの重くて鋭利なタックルが決まった。お見事！　ターンオーバー成就。絶好のカウンター攻撃の機会だ。なのに直後に悔やまれるパスミス、弾んだボールをひったくられて13番のギャリー・リングローズの独走トライを許した。

トンプソンの驚異の奮闘がそれゆえに最初の失点を招いたのは皮肉、と書きたくもなるが、やはりアイルランドの実力だ。とっさのピンチにここまで前へ出ている。この時点で世界ランク3位の集団のそれが規律と鍛錬の証明である。

「ミスをしない」。途中出場のHO堀江翔太は、最上位層ティア1の国の強さを簡潔に述べた。

アイルランドは不確実なオフロードをほぼ封印、まさにミスを避けながら確実に得点する。わかっているのに止められない。そういうアタックだ。そこに穴をつく緻密な決め事がまざる。防御でもタックルの的をまず外さなかった。

ジャパンは前半18分までに3－21と引き離された。スコアの観点では高温多湿が気がかりなアイルランドの「消耗の前に安全圏」というもくろみを許した。ただし追う側に「必死さ」があるので印象は引き締まっていた。

同24分。ジャパンはラインアウトから左右へ展開、FL松橋周平、リーチ、NO8アマナキ・レレィ・マフィ、突破が終始通じたLOヘル　ウヴェが力強さを発揮して、背番号13の松島幸太朗がインゴール右へ。後半22分の山田章仁のトライもそこまでの課程に個のたくましさと全体の速さは融合していた。

リーチは6月のテストマッチのシリーズをこう総括した。

「ルーマニア戦後の課題はプランをやり切ること。アイルランドの初戦はプランをやり切ったけれどメンタルが足りなかった。きょうはラグビーの原点であるフィジカリティー、ブレイクダウンのところ、よく戦ったと思う」

プランを消化できているか、それが最良の方法なのかは議論されてよい。ただ、チームの構築には必ず、ひとつの戦い方に徹する段階が求められる。エディー・ジョーンズ体制でも「極度にキックせず」がときに批判を浴びつつ、最後は選手の意思もあって「ほどよく蹴る」に落ち着いた。貫くから変えられるのだ。

アイルランドは試合終了のホーンが鳴ってもトライをもくろみスクラムからの波状攻撃を続けた。ジャパンはそれを止めた。心の勝負における小さな白星。案外、これから大きな意味を持つかもしれない。

初出＝『ラグビーマガジン』２０１７年9月号（ベースボール・マガジン社）

## リーチ マイケル
## サンウルブズでカルチャーを。

やっぱり。ファンの言葉がそこから始まった。

「やっぱり凄いね。リーチ」

「やっぱり頼りになるね。リーチ」

リーチ マイケル。生まれた時の姓名で呼ぶならマイケル・リーチ。２０１7年6月、日本代表に復帰、この秋のテストマッチではキャプテンに返り咲き、トンガに完勝、敵地パリ郊外でフランスと引き分けた。

永遠の記憶、15年のワールドカップ（W杯）での南アフリカ戦の金星を最後に、しばらく桜のジャージィから離れた。代表、東芝、スーパーラグビーのチーフスとざっと80試合を戦い抜いて心身の疲弊は確かだった。「バーンアウト（燃え尽き）」。先のフランス遠征では現地の新聞に当時の状態を明かしている。

不在によって価値は確かになる。16年のひとときの休息は、17年に「やっぱり」の感慨をもたらした。

そして、このほどサンウルブズへの参加も表明、ジャパンとの連携を深めるチームにおいても柱となる。

新しい年とは、すなわち、W杯の前哨の時間でもある。

２０１８年のジャパンは。サンウルブズは。やっぱり、この人に聞くしかないのだ。

――まず記憶に新しい11月25日のフランス戦について語ってください。23―23。堂々のドローでした。

「みんなが勝ちにいく。そのメンタリティーがいちばんよかったところです。引き分けて、ひとりも満足していない。試合が終わっても話し合いました」

――かつては強豪国とぶつかると、なかなか、その域にまで達しなかった。と。

「長く代表をやってきて、やはりメンタリティーのところが大きく変わってきました」

――それは南アフリカに勝ったことが影響してますか。

「大きい。大きいですね」

――キャプテンとしてもメンタリティーを意識してきた？

「というより（南アフリカ戦以来の）スタンダードをキープしているだけです」

――フランス戦、パスをたくさん用いて、よく走りましたね。ジャパンのランは４９６m

にも達し、フランスは330m、クリーンブレイクも8対5でした。相手ディフェンスがいわゆる「待ち」であることで方針を動かしたのですか。

「はい。アタックのマインドセット（思考と態度）を意識しました」

――ジェイミー・ジョセフHCのジャパンはあえてキックを多用してきた。そちらも続けるのでしょう。

「そう。続けます。ただフランス戦のキックとパスのバランスはよかったと思います」

――あらためて、どうすれば勝てましたか。

「ジャパンとしてアタックもディフェンスもやりきった。ただし試合を通して何度か小さなチャンスを逃しました。これからは少ないチャンスをものにすることを自分たちの強みにしていかなくてはいけない。そこが反省するところ」

――スクラムの国、フランス。実際に組み合った実感は。

「ファーストスクラムで重さを感じました。ギャップ（間合い）のところで難しくなった。でも確実によくなっています。（会場の新スタジアムの）人工芝は組みにくい。いちばん長いスタッド（ポイント）をつけた僕でも滑ったから」

――新しい右PR、具智元、ヴァル　アサエリ愛は健闘したのでは。

「よかった。いちばんよかったのはスクラムが完璧ではなかったところ。これでフランスをずっと押したら、そこで成長の幅は決まってしまう。そうでないから伸びます」

――姫野和樹もよかった。

「僕の中ではツアーのMVP。社会人1年目であれだけできる。覚える姿勢、準備も素晴らしい。彼の未来は明るい」

――フランスは精彩を欠いた。とはいえフィジカリティー、個々の身体の強さは一流に映ったのですが。

「実際、戦ってみて、アイルランドとオーストラリアのほうが全然上だと感じました」

――ぜひ読者にわかるように具体的に説明してください。

「アイルランドは（タックルで）ヒットしても倒れない。インパクトがあります。オーストラリアもそう。フランスはヒットすると、あまりドライブせずに倒れる」

――フランスは一般にぶつかり合いが強くて激しいイメージですが。

「ジャパンのラインスピード（ディフェンスが一斉に前へ圧力をかける速さ）が、フランスに勢いのあるアタックをさせなかったこともあるかもしれない」

――極度に前へ出るディフェンスは往年のジャパンのお家芸でもあります。しかし、現在の代表のシステムはニュージーランド（NZ）のトレンドを採用したものですよね。

「そうでもないです。NZ全体というよりもハリケーンズでジョン・ブラムツリー（現在のジャパンのディフェンス担当コーチ）が始めて、どちらかというとヨーロッパの国が先に取り組んでいる」

――そういえばブリティッシュ&アイリッシュ・ライオンズもそうでした。厳しく前へ出ることは単純なようで実は難しい。選手は慣れてきましたか？

「はい。少しずつ。ただ、もっとフィットネスが必要です。体が小さい分、80分間、前へ出なくてはいけない。そして出たあとのアジリティー（反応の速さ）でも世界一をめざさなくてはいけません」

――具体的にはどういうところが難しいですか。

「（おのおのが的確にマークをつかまえる）ノミネートを間違えると、ふたりでひとりに出てしまってスレ違いが生まれます。あとは出てからボールがスローにならずクイックで出されてしまうと戻るのが大変です。上がって倒してボールをスローにさせれば戻れる」

――相手がおそらく蹴るだろうと思っても全体で前へ出る。そうでないとプレッシャーにならない。

「そう。みんなが同じことを考えて同じように動かなくてはならない。それができれば効果はあります。ジャパンは勢いをつけた相手に乗っかられる（半身前へ出られる）と苦しい。オーストラリア戦（30―63）のようになってしまう」

――日本のテレビ視聴者は、トンガ戦、フランス戦を観て、ジャパンが短期間で力を伸ばしたと感じたはずです。なぜですか。

「新しいディフェンスのシステムをすぐにはできない。オーストラリア戦は（対世界選抜につぐ）2試合目でした。そこで、どこが悪いかよくわかった。トンガ戦、フランス戦では修正できました」

――トンガ戦は見事でした。

「うーん。いままで戦ってきたトンガとはかなり違いました。少し落ちるというのか。パンチがなかった。自分たちが強くなったからかもしれないですけど。トンガのチームワークとフィットネスはW杯の年だけが特別。他の年はそうでもない」

――あなたはNZと日本のコーチングをよく知り、前回のW杯ではオーストラリア出身のエディー・ジョーンズHCに率いられた。さまざまな経験からジェイミー・ジョセフHCの指導をどうとらえますか。

「やはりNZのコーチですね」

――というと。

「選手の能力を信頼している。ラグビー選手なのだから、もともと、このくらいはできる。このくらいはわかるでしょう。それがNZのコーチの感覚なんです。小さいときから遊びでスキルを身につけ、高校からスーパーラグビーまでの一貫したコーチングのスタンダードがあるので」

――構えが大きい。

「だからジェイミーが大きなところをドンと落として、そこから選手が考える。いまはその流れです。グラウンド外がむしろハードワーク。ミーティングや分析をたくさん行いますから。バランスはいいと思う。モールでも頭を入れて押し返す、という方針のもとで、真壁（伸弥）がどこにどう頭を入れようと提案したり。ディフェンスリーダーのシュン（布巻峻介）がチームにいいアイデアを出してくれる。堀江（翔太）さんも。僕はひとりではキャプテンができない。リーダーシップのグループに助けられています」

――おもにアタックを担うコーチ、トニー・ブラウンの印象を。

「みんな尊敬している。特別なコーチですね。常に考えている。ゲームを分析して攻撃のパターンをつくるのが上手。普通のことをしません。ちょっとクレイジーな発想をする。いつかオールブラックスのコーチになると思います」

――サンウルブズ入り。ファンは喜んでいます。

「勝つことがいちばん。メンバーもいい。スーパーラグビーはカルチャーのあるチームが勝ちます。そのカルチャーをつくっていければ。日本代表のアドバンテージはサンウルブズで試合を重ねて成長できるところだと思う。チーフスとの試合（3月24日、秩父宮）が楽しみ過ぎて」

――少しチーフスの話を。最強国の強豪でレギュラーになれた。日本の選手でも通用する、いや、かなり差がある。どちらが実感ですか。

「ひとりの選手が、もしチーフスに入れば全然通用します。みんなできる。まわりが優れているので自分の仕事だけをすればいいので」

——他方、一例で、ブロディー・レタリックのようなオールブラックスの主力級の凄みもあるのでは。

「いちばんは内的なモティベーション。なにがあってもブレない。崩れない。それからオールブラックスの選手のフィットネスはチーム内で必ず最高レベルです」

——さて、2018年のジャパンはジョージア、イタリア、オールブラックス、イングランドとテストマッチを戦う。抱負をぜひ。

「自分たちの成長につながる試合が完璧にそろいました。ジョージア、イタリアに対してはフィジカリティー、スクラム、モールの力が試される。その後の大きな2試合をどう戦うかは、チームとしても、また選手個人にとっても最高のモティベーションとなります。日本代表が自信をつける年になるはずです」

——いかにラグビーの国際化が進んでも、ことW杯では、最後の最後、それぞれの国や地域の特性が問われるような気がします。リーチ マイケルの知る日本の強みとは。

「ハートがいちばん強い。日本にはタレントがなくても根性で戦う人がたくさんいる。ハートが鍛えられている。高校や大学のラグビーを見ていると、日本の選手は、自分のチームに対して愛情を持つとすごく強い」

——所属集団への絶対の愛着によって闘争心が引き出される。

「昔の慶應大学なんて、みんな自分の学校にプライドがあって、背番号1から23まで全員が凄いタックルする。ハート、強いなって」

――そんなことを知っているNZの人はいないでしょうね。

「見たことないから。日本代表も同じ。チームに愛情を持つことです」

初出＝『ラグビーマガジン』2018年2月号（ベースボール・マガジン社）

## それぞれの個性はチームを離れず。サンウルブズ3年目の収穫

一喜一憂はファンの特権であり、ときに報道の務めでもある。負けて悔しがり、少しは責めて、勝てば喜び、大いに称賛したい。

サンウルブズは3度目のシーズンを終えた。

3勝13敗。

これをどう解釈するか。

数度の歓喜。多くは失望、もしくは、わずかなところで白星が手よりこぼれた後悔。数字では厳しい結果なのだが、1996年、プロ解禁のホイッスルとともに始まったコンペティションを振り返るなら、ひどく落胆する戦績ではない。

サンウルブズは、負傷の続いたコンディショニング、払しょくできない「ソフトモーメント（気の抜ける時間）」、いささかの不運、さらには最後の2戦に顔を出した「規律」の問題はあったにせよ、集団としては後方や横でなく前へ歩んでいる。

どこの場面と記すのは簡単ではないが、たとえば3戦目の敵地ダーバンでの対シャークスは22―50の大敗ながらトライのされ方が悪くなかった。意地と誇りを保って追いすがる姿に「チームワーク醸成の過程」を感じた。続くライオンズ戦は38―40の大善戦、黒星にあっては最良のゲームだった。

帰国後の4月、ワラターズ、ブルーズに敗れたのが底といえば底、軽いつなぎに生じるエラー、外側防御の乱れをことごとくつかれた。

しかし、そこから改善、結束は深まった。

思えば2年前の記念すべき初戦、敵将であるライオンズのヨハン・アッカルマンHCは秩父宮ラグビー場における会見で敗者をこう称えた。「情熱とハートと献身に満ちていた」。そうした美徳を発揮する時間や試合数が増えた。最終盤のワラターズ戦で覇気と活力を欠いたのは残念だ。それでも総体としては伸びた。

そもそもスーパーラグビーで簡単に勝つほうがおかしい。日本国内の中学生の試合も、テストマッチも、競技レベルがどうであれ、対戦相手が「まとも」なら、ラグビーで新しいクラブ、チームが勝つのは簡単ではない。記録のスポーツではないので速い人間をそろえれば成績が整うわけではない。大人数がぶつかり合う。そこにはさまざまな局面があって、いくらパーツを磨いても、チーム、クラブ全体の像とは簡単に結びつかない。ひとりの人間の成長と同じで経験や歳月を要する。

かつてレベルズに在籍、サンウルブズの誇るＨＯ、堀江翔太が、参加初年度の開幕前にこう語った。

「スーパーラグビーの下位チームはどうしても個々の選手の自己主張が前へ出てしまう。優勝経験のあるところは、まずチームありき、その上でそれぞれが個性を発揮する」

文化、チームのカルチャーの有無を的確に述べている。どんな集団でも、ここの領域をつくり上げるまでに敗北のシーズンを幾度も過ごさなくてはならない。

サンウルブズの歩み。

1勝1分け13敗。2勝13敗。そして今季の3勝13敗、ここには香港での対ストーマーズ、シンガポールでの対ブルズと、ホームとはいえ海外での初勝利も含まれる。まさに一歩ずつ。来年は敵地で初白星を挙げるのが道理だろう。

ちなみにレベルズは２０１１年から加わった。3勝13敗。4勝12敗。5勝11敗。やはり、そういうふうに創成期の3年の階段を上った。

ここで隣の芝生の話をしたい。そいつは、どうしても青く見える。

ジャガーズ、敬意を表してスペイン語でハグアレスは、サンウルブズといわば同期入会であるのに、ノックアウトステージのプレーオフへ進んだ。ただ過去からの戦績を確かめると、初年度が4勝11敗、2年目は7勝8敗、そして今季は南アフリカのカンファレンスで9勝7敗と勝ち越した。やはり一歩一歩だ。

ジャガーはピューマのために生まれた。ハグアレスは国代表であるロス・プーマス強化をはっきりと意識して創られた。アルゼンチンは選手も指導陣も自国生まれの者のみで固める。それでも海外育ちの才能を含むジャパンよりいまのところ強い（2年前のテストマッチは54―20）。この力の差はそのままスーパーラグビーに反映されている。

「まずチームありき」。堀江がレベルズ時代に感じた強豪の条件をハグアレスは代表の活動を通して身につけている。そして大切なのは、サンウルブズもまた「多国籍、多文化」という異なる側からのアプローチながら、アルゼンチン人たちが抱くような「チームありき」へ向かっていることだ。

地図上の北半球から、ただひとつ南半球のコンペティションに参加したのだから、国内シーズンとの兼ね合いで必ず開幕前の準備は遅れる。初年度以来、ハグアレスほど一貫性はなく、集まって、すぐ力を発揮できる域には達していない。どうしてもあと数年の猶予は必要だ。

東京のブランビーズ戦、一時、フィールドに日本列島に生まれ育った選手は2人という時間帯があった。それでも「ウルブズ」は日本のチームなのか。やはりそう考えるべきなのだ。企業や母校のくびきを離れた新しい応援文化の芽も吹いている。

PR具智元、LOのヘル ウヴェの拓殖大学卒業コンビは代表への地歩を固めた。やはりLOのグラント・ハッティング、FLのピーター・ラピース・ラブスカフニの南アフリカ勢は、来年の資格取得時には桜のジャージィにきわめて接近しているだろう。FW3列、姫野和樹はもちろん、徳永祥尭の球と人への強さも光を放った。SOへイデン・パーカーのスーパーブーツよ。そしてCTBのマイケル・リトル（なぜブルーズはこの人と契約をしなかったのか）…。繰り返すが、それぞれの個性は、チームから離れなかった。

日本ラグビーが力を発揮するのは「速さに重きをおく独自性」と「集団への帰属意識の高さ」を得たときだ。サンウルブズがそうなればジャパンはもっとそうなる。

初出＝『ラグビーマガジン』2018年9月号（ベースボール・マガジン社）

## 楽観か悲観か
## 奪った5トライ、失った10トライ。
日本31—69ＮＺ（リポビタンＤチャレンジカップ２０１８）

キックオフとリスタートを蹴り込む。そこから先の攻防は、胸に桜のジャパンにとって幹のような重きをなす。「あえてノータッチのキックを繰り出して混沌を生む」。主題に掲げてきた戦法と重なるからだ。

どこをめがけて蹴り、どう追い、いかに倒し、どのようにプレッシャーをかけるか。開始4分。ＰＧの先制を許したあとのリスタート。ジャパンは目論見通りのトライを奪った。

ＳＯの田村優が、中央へ正確に高いボールを上げた。つぶす。6番のリーチ マイケル主将がしつこくファイト、黒衣のＳＨ、テトイロア・タフリオランギに不快を与え、ＦＢのジョーディー・バレットのリターンのキックめがけて、赤白のＬＯ、アニセ サムエラがチャージ、手がかかりトライを挙げる。

冠たるオールブラックスを向こうに、リスタートであれ「ノーホイッスルトライ」をせしめたチームはまれだ。ジェイミー・ジョセフ体制下で積み上げた「キックから圧力」の習熟の成果だった。

同15分。こんどはジャパンのそのスタイルが逆襲のトライを許す。

中盤のラック。SH流大が右タッチライン際へパント。3人で囲むように倒しにかかる。つながれてラック。ここまでは想定内のはずだ。

しかし、乱れが生じる。最初に球を追った12番のラファエレ ティモシーが接触時に頭のどこかをぶつけ、走って戻れずに歩き、帰陣は遅れる。

オールブラックスは、欠員の生じた防御ラインをすかさず狙った。右遠方に楕円球を運んで、やすやすと右ライン沿いをゲイン、数次の攻撃で、HOデイン・コールズが左インゴールへ駆け込んだ。

同じ構図のトライは、後半20分にもあった。ジャパンは自陣から高いキック、FB山中亮平がチェイス、倒す。ただし、ここで脚をわずかに痛めた。なんとか起きるも、やはり後方への戻りは遅くなる。

オールブラックスは短く右―左と動かし、大きく左へクロスフィールドのキックパス、途中出場のWTBジョージ・ブリッジがつかむと、ただちに前方へ低く蹴り、みずからキャッチ、サポートの13番のマット・プロクターへつないだ。

山中が素早くポジショニングしても結果は変わらなかったかもしれない。それでも、フィールドを俯瞰、「誰かの不在」をかぎとり、際立つスキルでトライへ結ぶ王者の凄みは確かだった。

破壊力や足の速さではなく、機を見るに敏、幅広くパスを送り、過程に生じる防御のかすかな乱れを逃さず、幼少より培った個の感覚、身のこなしで「違い」を生み出す。

セットプレーはシステムとパワーが融合されている。ジャパンの面々が口々に述べた「ブレイクダウンのうまさ（タックルを仕掛けた選手が素直に離れず、されど反則の手前にとどまる）」もノウハウというよりも、競技規則における限界を細胞化してしまう「国力」のようだった。

球の奪取、突進に光を放ったジャパンの7番、姫野和樹は勝者をこう語った。

「シンプルでしっかりしている。スキルの精度が高い」

交替で登場、SH田中史朗のコメントも似ている。

「特別なことではなく、当たり前のことを当たり前にプレーしてくる。（昨年対戦した）アイルランドと似ています。自分の仕事を100％こなす選手がそろっている」

31―69。トライ数は5対10。接戦ではないが退屈でもなかった。楽観は禁物ながら悲観すべきでもない。

後半12分、田中の好リードでじりじり前進、田村は右へ回り込むようにパスを受け、芝にボールをそっと置くようなキック。初キャップ、オークランド生まれで立正大学出身のヘンリー ジェイミーが「アドバンテージをもらったらキックパス」と予測、右コーナーを陥れた。

攻めたらスコアできた。

だからジョセフHC（ヘッドコーチ）は会見で述べた。

「後半はもっと手にボールを持つべきだった。そこは経験不足。手に持てば、もう少し戦えた」

いったんキックでアタックの機会を渡す。最高のカウンター攻撃国に対しては危険をともなう。ただしワールドカップのプール戦でオールブラックスとは当たらない。もう少し硬質な北半球勢にはより有効かもしれない。「手」と「足」のバランスをここで知る意味はあった。

収穫はスクラム。

左PRの稲垣啓太は明かした。

「それほど脅威を感じなかった。僕らの方向性は間違っていない。そう思います。押せる場面もあった。ただ、よいエリアでマイボールのスクラムがなかったので」

モールのドライブともども周到な準備は裏切らなかった。

ジャパンの最良の瞬間は開始25分過ぎ。左WTBの福岡堅樹が、相手の14番、ワイサケ・ナホロに背後から追いつき、起きて、後ろへ回ってターンオーバーを遂げた。国際級のひとつ上、ワールドクラスの反応とスキルだった。

初出＝『ラグビーマガジン』２０１９年１月号（ベースボール・マガジン社）

## 福岡堅樹
## 一期一会、究極の挑戦。

形容不能だ。瞬間移動。毒蛇の舌の出し入れ。メール送信の速度。どれも陳腐だろう。すなわちキレキレでピチピチ。

速い。すーっと滑らかに速いわけではない。ただちに速い。あっ、もうそこにいてふくらんで外へ、いきなり内へ、追う者を置き去りにする。

福岡堅樹。175cm、83kg。がっしりした一般人のサイズ。国際ラグビーの基準では、こんなささやかな骨格は「ポケットに入る」と呼ばれる。

速いのはわかった。この男、実は、いや実に強い。巨漢とぶつかっても簡単に負けない。速いということは強いということ。先に動き出して先に高速を得るので相手が構える前の衝突も可能だ。先手を取ってコンタクトを制してしまう。

速くて強いのはわかった。福岡県出身で福岡高校卒業の福岡は上手だ。地面のボールによくからむ。ターンオーバーの名手なのである。このあたりの「職域」はおもに顔面を凸凹にしたFWが担うのだが、憎いではないか、スピードスターは涼しい表情で、素早く、低く、楕円球をかっさらい、あるいは相手の制御を不能とさせる。

速くて強くて上手なフィニッシャーは高い。背は高くないのに高々と跳べる。最新のラグビー競技における重要な攻防であるエアー、キックをめぐる空中戦にも能力を発揮する。小さな日本の小さな11番をめがけてパント、そこを190cm超級の刺客が襲う。勝負の定番である。でも人間を身長で判断してはならない。最もよいときに最もよい角度で跳躍すれば、投下された爆弾は、柔らかな布にくるまれた赤ん坊となる。すっと腕から胸に収まり安全地帯へ移される。

そして、ここがいちばん大切なのだが、福岡堅樹はたくさんトライを決める。

本年7月開幕のパシフィック・ネーションズカップ、フィジー、トンガ、米国代表イーグルスとの3戦すべてでインゴールを陥れた。まさに切り札。ことにトンガ戦の終了直前のスコアときたら、帽子をかぶっていないのに脱ぎたくなった。

中央線より敵陣へ少し進んだ位置。パスを受ける。一瞬の加速。タッチラインまで2m程度の幅で外へひとりを抜いた。さらに、そんなに狭いスペースなのにもうひとりのタックルを無力化した。インターナショナル級を超え、すでにワールドクラスのランにも映った。大阪・花園ラグビー場の観客席は揺れるようだった。

あれから約1カ月。東京都内で本人に話を聞いた。まずトンガ戦のトライから。

見事でした。

「ありがとうございます。最近、体はよく動きますし、実際に、ティア2（国際ラグビーの第2層。日本と同格かそれ以下）のレベルの選手が相手なら自信をもって勝負できるようになりました」

自信。日本のラグビーが有史以来、求めてきたのは「私なら、私たちなら最後は勝てる」という信念、というより細胞レベルの感覚である。4年前、南アフリカ代表のスプリングボクスを破る「スポーツ史上の大金星」をなして、みずからを信じるレベルは確実にひとつ上へ進んだ。世界がほどなく知ることとなる「ケンキ・フクオカ」の歩みは象徴かもしれない。

前回大会では、唯一、スコットランド戦に出場できた。その2年前、欧州ツアーの対スコットランドでは、トライを奪うなど「ベストのパフォーマンスを発揮できた」。そうした実績もあり、あらかじめ先発を告げられていた。「相手が嫌なイメージを抱いているので警戒してくる。それによって他の選手がいきる」という狙いがあった。ワールドカップ（W杯）の選手起用にはさまざまな背景がある。

とはいえ、ひとりのアスリートとしてはスプリングボクス戦の芝の上に立ちたかったはずだ。

「完全燃焼かと問われれば、まだまだ自分自身にできたことはありますし、そのときは、多少、悔しい思いもしました。ただ、すぐに切り替えて、19年へのバネになったという意味ではいい糧になった」

16年、リオデジャネイロ五輪7人制代表に選ばれる。ここでも「事件」は起きた。ジャパンが、真っ黒なジャージィに身を包んだ金メダル有力候補、ニュージーランドを初戦でやっつけた。2点差で逃げ切れるか。緊迫の終盤、途中出場の福岡は、フレッシュな脚をいかし、相手の独走に追いついた。あれで勝った。準決勝へ進出。優勝のフィジーに敗れるも4位と健闘した。

快挙の一員にして不完全燃焼、全世界が注目の五輪の舞台で活躍、短期間に濃密な経験を国際規模で積んだ。

さらに「将来は医師へ」という人生設計のために「15人制は19年のW杯、7人制は20年の五輪まで」とみずから終止符を定めた。

27歳の福岡堅樹の充実を支えるのは、きっと「ここからは一期一会」の心情ではあるまいか。

「数えたら（15人制の）代表で戦う機会は決勝まで進んでも10試合を切った。本当に1試合、1試合、ベストのパフォーマンスをと感じています。そこに関する思いは、自分でも強いと」

おしまいがわかる。すると、いまがいっそう際立つ。キーワードは「圧」かもしれない。

前回大会の開幕前、当時のエディー・ジョーンズHC（ヘッドコーチ）のW杯後の退任が明らかとなった。猛鍛錬の日々と指導者の強烈な個性によって充満していた圧は解かれて、選手の気持ちが放たれるみたいに前へ出た。

圧が高まる例もある。引退を決意、公言もする。終わりという壁が空間を密にして思考や意思を深くする。福岡堅樹の現在の姿である。

問答でさりげなく言った。

「最近、自分の体がより動いてきてると感じています」

選手生活の早過ぎる晩年を迎え、フィジカリティーの質量は向上している。

「単純に走るということだけではなく、強度のある加速や減速でも、いい数値が出るようになってきました」

こうも明かした。

「走れるようになりましたね」

距離？

「トップスピードで走ることを以前よりも繰り返せる」

W杯のタックルは、通常のテストマッチより、もうひとつ厳しい。倒されて、起きて、また走り、走り切る。そのための体力を「きついキャンプ」で培ってきた。

毎日の練習でなかばルーティンのように確かめたり、心がけるのは？

「コミュニケーションですね。どういう（パスの）もらいかたをするのか。周囲がなにを要求しているのか」

キックを用いて、あえて混沌とした状況へと導く。こちらは混沌に備えた練習をしてきたので優位に立てる。就任以来、ジェイミー・ジョセフHCの掲げるスタイルの核心は「意思疎通」や「判断の共有」である。決め事に従い、個がおのおの任をまっとうする方法より一般には難しそうだ。

ここについては。

「いまではできるようになりました。最初は不安もありましたが、続けてきて、自分たちの強みになったと思います」

7月27日、釜石鵜住居復興スタジアムでのフィジー戦、練られたコミュニケーションがトライを創造した。

開始8分。モールを押し、Pをもらい、アドバンテージを得たのちにショートサイドを攻略、10番の田村優が足首に乗せるようなキックを左斜め前方へ運び、ピンポイントで落とした。11番、福岡は他にないタイミングでつかんで、というより、球とともに地に着くみたいに押さえた。

スタジアムにいて、どうせアドバンテージで戻してもらえるのだから、トライ後のゴールを決めやすいポスト正面に向かって攻めればよいと思った。白状すれば、放送の解説でそう述べた。

ところが。ふたりは意思をすかさず通わせていた。詳しく語ってもらった。

「アドバンテージが出て、すぐに裏のスペースをキックで狙おうと話し合いました。（田村）優さんは最初、転がそうかと提案したんですが、自分のほうからパントで落とすキックでもいけるんじゃないかと」

このあいだもボールは動いている。ほんのわずかな時間のやりとりである。決め事ではなく判断をすり合わせて偶然の要素を排除する。ジャパンの現在地はここまで達した。

ロシア、アイルランド、サモア、スコットランド、それぞれの分析は、鋭意、進行している。傾向と対策も万全に近い。ただし先走りは危険だ。

「15年（W杯）、16年（五輪）を経験して、いかに初戦の入りがチームの流れをつくるのかを身に染みて感じました」

眼前の出来事、ひとつずつの試合に集中する。絶好調の理由だ。なのに「試合のたびに調子がよいと心配になってしまって」なんて余計なことをつい聞くと、若くして引退を決意した人が即答した。

「これがピークとはまったく思っていません。プレーヤーである限り、上をめざし、少しでもよくなりたい。年齢的にもまだまだ限界ではありません」

そこで戦う当事者だけの時間軸だ。

初出＝『ナンバー』986号（文藝春秋）2019年9月12日

# 3

## 【楕円球人生の彩り】

# キャプテンに特等席を

# 大野均の酒と人。

バスが走る。車窓の外なんか見ない。飲む。小瓶ビールを。飲む。栓抜きなしに。座席のどこかの突起でこじあけながら。

2015年、10月12日、イングランドの秋。グロスターからロンドンのヒースロー空港へ。ラグビー日本代表の「凱旋」の始まりである。敗退しても凱旋。南アフリカ代表スプリングボクスのプライドを打ち砕き、3勝1敗での帰国、4年近くにおよぶ長くて厳しい強化と節制の旅を終えて、ついに車両は「ビール号」と化した。

正確に記すと2台のうちの片方は「飲まない組」。もう1台にアルコールを親友とする者たちが集った。本稿主人公？ もちろん後者の乗車ステップに足をかけた。

大野均、さて何本やっつけたのか。

「このまま空港に着かなければよいのに」

そんな時間だった。

隣の席に堀江翔太が座った。ひとつ前の列に山下裕史と伊藤鐘史、通路をはさんで畠山健介と湯原祐希が肩を並べていた。

みんなスクラムとラックの前線に体を張るFW前5人だ。話題は「日本に帰るとゴロウ（五郎丸歩）の人気が凄いらしい」。誰かが言った。「でも俺らがしっかりスクラムを組んだからだよな」

あれから3カ月、東芝の厳しい練習のあと、37歳のロックが笑った。

「デブどもが傷をなめ合ってました」

痛みをともにし、喜びを分かち合い、酒に酔う仲間がそこにいた。

あのころと同じだ。

1997年の4月某日、福島県郡山市の日本大学工学部キャンパスの入学式翌日、背の高い新入生が学生食堂へ向かう道を歩いていると、いきなり両脇を「ガッ」と抱えられた。やけに体格がよくて力も強い。ラグビー部の勧誘である。

「ちょっと、こっちへきてもらえるかな」

不気味に優しい声で誘導された。

こうして地元の高校では野球部の補欠、ひょろりと長い少年は楕円球と遭遇した。仲間と酒の彩る人生の始まりである。

――大学入学直後、すぐに未経験のスポーツを始めようと思ったのですか？

「ノートに名前と自宅の電話番号を書かされました。まだ携帯電話は持っていなかった。するど毎日かかってくる。野球部に入るつもりだったので、『僕、コンタクトレンズなのでラグビーは無理だと思います』と断ったら……」

——すかさず。

「『おお、俺もコンタクトだよ』と」

——術中にはまりましたね。

「グラウンドに顔を出してみると、すごく雰囲気がよかった。次の日に新入部員歓迎の飲み会が大学のそばの中華料理屋であって、それでもまだ断るつもりで出席したんですけど、これが楽しかった」

——この仲間に入りたいと。

「そうですね。工学部なので実験など授業で部員も忙しい。でも先輩が、遅れてグラウンドにやってきて、実習がちょっと延びちゃって、と言いながら、パッとジャージィに着替えて、もうバチバチとタックルしてる。なんか、それがすごくかっこいいなあと思ったんです」

——両腕を抱えた両先輩に日本ラグビー界は感謝しなくてはなりません。その人たちはいまどうされているんですか。

「ひとりプロップの先輩はＩＨＩ（旧・石川島播磨重工業）で仕事をされていて、ロックの先輩は、いま社名が思い出せないんですけど技術系の会社で上海に駐在されています」

――ワールドカップ（W杯）から帰国後も大学ラグビー部の仲間が都内で宴を催してくれたとか。

「新宿の靖国通り沿いの大衆居酒屋チェーン店で。先輩、同期、後輩が30人くらい集まってくれました。プロジェクター持参で南アフリカ戦を流してくれて。あの夜は、ゴールデン街など何軒も回って朝まで飲みました。最後は計5人」

――人間、出世をすると、マイナーな時代を忘れたり振り払いたくなったりもする。でも大野均は違いますね。

「最初の仲間や先輩がいなければ、自分もラグビーの楽しさを知らなかったと思いますし、そもそも、この道に進んでいなかった。いまも現役を続けていられるのは、その人たちのおかげです」

1、2年時は東北リーグ1部所属、最後の2年は2部暮らしだった。ロック、フランカー、ウイング、ナンバー8とポジションを転々とした。「部員が少ないので先輩の卒業した穴を初心者の自分が埋める感じで。3年でウイングをやった時は、まわりに人がいないので不安でした」

休日には「先輩のクルマに分乗して心霊スポットめぐりや海でのバーベキュー」を楽し

み、アルバイトに精を出す。「居酒屋チェーンの『天狗』で2年間」。あこがれのホール係は「制服のサイズがない」と拒まれ、あえなく厨房へ。「サラダから始まって刺身に焼き物に天ぷらも」。何度か女性店員の多い「ホール」転属をもくろむも「君は体が大きくて、お客さんが怖がる」と店長は許してくれなかった。

東北新幹線の線路のケーブル交換のアルバイトも続けた。リーグ終了後の冬場、雪の舞う深夜の作業に励む。「3時、4時まで。クルマのエンジンをかけて車内の温度計を見たらマイナス2度でした」。それでも日給1万円はありがたかった。

**まわりが頑張ってるから**
**自分たちはラグビーができる。**

4年の春、サイズを買われて国体予選の福島県選抜に呼ばれる。それをきっかけに筑波大学出身の教員ルートで、当時の東芝の薫田真広コーチに情報は伝わり、公務員志望から強豪チームへと進路は変わった。

5月第2週、東芝府中工場に呼ばれてトライアルの練習参加。肩を亜脱臼しながらも隠し通し、夜、薫田コーチとの脂まみれのカルビ焼肉面談で「3日以内に返事を」と内定をもらう。2日後に返事をした。

地方の下部リーグ出身者が、いきなり「親に見せられぬ練習」を矜持とする鋼鉄の集団に放り入れられた。

「誰も相手にしてくれないんじゃないか」

不安を吹き飛ばしたのは本人の生命力に加え、周囲の優しさだった。グラウンドでは厳しい先輩が、外では繊細なほど後輩にも気を配る。「受け入れられていると感じさせてくれた」。ロックの重鎮、釜澤晋、現在の監督である冨岡鉄平の「ふるまいにすごく影響を受けました」。仲間はここにもいたのだ。

初めて故郷の福島を出て、東京には幼なじみも同級生も不在、練習休日にもすることはなく、ならば走ろうと汗まみれになった。みるみる実力はついた。

入社2年目に公式戦出場を果たす。4年目、日本代表初キャップ獲得。無類のタフネスと勤勉で3度のW杯出場など歴代最多の通算96キャップを得ている。

――居酒屋のアルバイト厨房からジャパンへ。あっという間でしたね。清陵情報高校時代、これだけの長身で、しかも努力を続けたのに野球部のレギュラーになれなかった。努力が努力で終わらずに、現実の練習や試合で力を発揮できるようになった。どこが違ったのでしょう。

「高校の野球部でも、1年のときはベンチプレス45kgしか挙げられなかったのに3年で1

00kgまで伸ばした。それでも試合に出られない。単純にセンスがなかったんでしょうね。ラグビーが自分に合っていたのだと思います。相手が突進してきたら、いやでもタックルしなくてはならない。ボールが回ってくれば、それを持って一歩でも前へ出る。考える間がない。そこがよかったのではないかと。野球はいろいろ考えるじゃないですか」

――高校の白球の友、さぞや驚いているでしょうね。ベンチを温めていた大野がこうなったと。

「たぶん、そうですね。いまでも地元に帰って連絡すると何人か集まってくれて酒を飲みますよ」

努力が実を結び、地位をつかんで、なお前へ前へ、あるいは上へ上へと進歩をやめない。具体的には、オモリ装着の懸垂、2年前は20kgで4回だったのに、昨年になって40kgで同じ回数をこなした。

座右の言葉は「灰になってもまだ燃える」。すなわち限界を定めない。秘訣がある。「誰かのために力を尽くす」。なぜか。「自分のためだけでは妥協してしまう」からだ。

――誰かのために。この感覚をつかんだのはいつごろですか。

「東芝に入ってからですね。社会人のラグビーは周囲のサポートがないと成り立ちません。自分は社員選手なので職場の人たちの顔を見てそう感じます。若いころはあまり意識しなかった。でも、だんだん歳をとってきて、自分たちが頑張ってるのではなくて、まわりが頑張ってるから自分たちはラグビーができるのだとわかりました」

――ちなみに職場の部署は。

「企画部設備設計。施設管理の仕事で入社以来ずっと同じです。課はつかない。カッコに準備の備と書いて社内ではマル備と呼ばれています。大規模な装置のための電気工事や配管工事の手配がおもですね」

――仕事、好きですか？

「そうですね。いろいろな人がいるので。若いころから、そんなに苦にはならなかった。2014年からは、ずっとジャパンに入っているので、ほとんど仕事はできていません。それでも、たまに顔を出すと応援してくれる。日本代表最多キャップ獲得の（14年5月の）サモア戦には、職場のみんなが横断幕を手に応援してくれました」

――誰かのため。ファン、職場の同僚、そしてチームの仲間も含まれますよね。

「ラグビーは仲間がいないとできないスポーツ。仲間の大切さを感じます。いつも厳しい練習を一緒にしてきて、あいつのために体を張ろうと思わせてくれる。そう思わせてくれる人間のたくさんいるチームが強い。今回の日本代表、これだけ練習してきたのだから勝てなかったらウソだろう、と、みんなが思って、事実、結果を残せたのは本当にうれしいですね」

――仲間とくれば酒。中心は背番号4と5のロック。これ古今東西、ラグビーの常識です。思い出の酒場はありますか。

「2005年、フランスで日本代表が合宿しました。リモージュという田舎にあるスポーツ施設で。(名ナンバー8で酒豪の)伊藤剛臣さんと同室でした。どうしても飲みたい。『おい探しにいくぞ』と。ありました。タバコ屋の中のカウンターで店のおばあさんがビールを注いでくれる。雰囲気がすごくよくて、合宿中に(名キッカーで酒豪の)廣瀬佳司さん、剛臣さんと3人で連日通いました」

――田舎のタバコ屋の隅にその3人、よい眺めですね。では生涯忘れられぬ酒の逸話をひとつ教えてください。

「2007年のW杯、カナダと引き分けて帰国したとき、このまま解散するのが、どうしても寂しかった。そこで……」

以下、本人の記憶を文章としたい。

東京に一泊しよう。気の合う(身長194cmのロック!)熊谷皇紀、(同195cmの巨漢FW!)木曽一、(体重115kgのプロップ)山本正人、(カナダ戦で劇的同点ゴールを決めた）大西将太郎と六本木に繰り出した。飲んで飲んで早朝4時、ついに解散の運びだ。すると「ますます寂しくなって六本木の交差点の真ん中で」大野均と木曽一が抱き合ってわんわん泣いた。ジャイアントの抱擁と号泣、道行く者は半円を描いて避けただろう。

――見たかったような見ないでよかったような。W杯を終えると、そこまで感情がたかぶるのですね。

「それだけの緊張感を持って臨んでいますから。特別な場、普通でない場なので」

――あの南アフリカ戦の夜は？

「（チームの）ルールとしては飲んでもよかった。ただスコットランド戦が4日後なので、ほとんど飲んでいる選手はいませんでした」

――大野均は。

「いやあ飲んで。でも飲まなかった選手は目がさえて眠れなかったらしい」

――みんな、飲んでおけばよかった。ところで、どこでビールを。

「W杯期間中は試合後のロッカールームに必ず用意されているんです。ホテルの食事会場にもあります」

――そして帰国の空港までのバス移動、これぞ解放の空間ですね。

「本当は栓抜きのいる瓶だったんですけどニュージーランド人がよくやるじゃないですか、

そのへんの角でカーンと」

――個人的経験では、あれが世界一うまいのはニュージーランド人です。

「バスの中、相当、傷ついたと思います」

――国内で記憶の酒は。

「(合宿地の)宮崎もよかった。次の日が休みだと街へ出て。みんな日本代表を応援してくれて雰囲気も好きでした」

――地獄の宮崎合宿をこんなにポジティブに語る人は初めてです。

「自分にはその部分(旅先での酒の楽しみ)があったんで。福岡も鹿児島も好きです。九州はよいですね」

――アマチュア時代、世界的にも、ラグビーのチームは遠征先で土地の人々と酒を酌み交わす伝統と文化がありました。いまはどうしてもリカバリーなど節制が優先される。大野均には昔の匂いがする。

「そこの地元の方と飲むのもすごく好きなんです。いろいろな話を聞くのが。東京ではトップリーグの試合もたくさんある。でも地方ではめったに機会がない。そういうところにこそラグビーの大好きな熱いファンがいるんですね。この人たちの支えがあってやってこられたのだと感じます」

北海道は十勝のある酪農家がいる。ラグビーの愛好者だ。でも「生き物と向き合う仕事」をしているので観戦旅行はままならない。いつかの便りにこうあった。

「2019年の札幌でのW杯の試合だけは観戦したいと楽しみにしております」

大野均は、幼少から実家の乳牛の世話をしてきた。ブライトンのヒーローの心と、北の大地の牛舎はどこかで交わっている。

誰かのために。その射程は広い。

——ここまで話をうかがって、日本代表の史上最多キャップ保持者は、計算や計画とは縁遠く、ここに至った。

「自分は、もう人生、何があるかわからないと思いますね」

——若者は、あるいは昨今では親も、どうしてもベストの進路を早い段階で見定めようとする。しかし、たまたま進んだ場所で誰かに認められ、求められ、発揮される力もある。

「そうですね。自分の場合は、計算してこうなったのでは、まったくありません」

高校1年、背丈を見込まれて、野球部の投手候補に。「2球投げたら、監督にもういいって」。野手に回っても、肩は強いのにバットにボールが当たらなかった。

だからラグビーと出合えた。

搾りたての牛乳と新聞配達で培った丈夫な骨は、ベースボールよりも、こちらに向いていた。もういっぺん書く。学食への道で大器の腕をつかんだあなたたちは偉い。

さて「日高屋」をご存知か。首都圏でおなじみの庶民の中華料理チェーンである。斯界にとどろくロックは、東芝グラウンドの最寄り駅に近い「府中けやき通店」のレモンハイサワーを愛した。一杯、270円也。「でも、そこは閉店してしまったので」。いまは？　分倍河原駅前の「とん駒」。評判のとんかつ店にもレモンサワーならある。ロースかつ、ミックスフライあたりを肴にくーっと干す。

「最近のお気に入りです。W杯から帰ってから寄ったら、かつ一食、ただにしてくれました」

割り箸が肉をくるむ衣に入る。ジュッ、たまらぬ音がする。勘定を。きょうはいいよ。ラグビーの英雄はかくのごとく遇されるべきだ。人生の大切な一瞬である。

初出＝『ナンバー』894号（文藝春秋）2016年1月21日

## 堀江翔太「僕の仕事ですから」

そのころ大阪の中学校の男子バスケットボール部員は、シューズの内側にソックスを折り込んで隠した。それが流行だった。

チームにひとりだけ従わぬ少年がいた。あくまでも旧式のハイソックスで通した。「頼むから靴下隠してくれ。かっこ悪いから」。仲間が頼んでも意に介さない。

「何でそんなんせなあかんの。俺には自分のスタイルがある。好きにさせてくれ」

堀江翔太。のちのラグビー日本代表、そしてスーパーラグビーに歴史的参加、サンウルブズの初代キャプテンである。

スクラム最前列のフッカーを務め、なお最後尾からフィールドを俯瞰するように考え、読み、動く。かわして、蹴って、抜いてみせ、いざ必要ならば吹き飛ばす。

ジャパン不動の背番号2は、南アフリカ戦大金星の最大級の功労者であり、日本のラグビー界が、少しも迷わず、世界に提出できる才能である。

ラグビー愛好者は、サンウルブズの選手リストに「堀江翔太＝パナソニック」の字の並びを見つけて安堵した。

エディー・ジョーンズ前日本代表HCの退任など、さまざまな事情でチーム運営は前に進まなかった。「日本の参加は撤回」の情報まで流れた。ジャパンの少なくない主力は海外のチームとの契約を結んだ。

よくぞ身を投じてくれました。そう聞くと、ソックスを隠さなかった男は言った。

「代表の合宿中に、選手が集まらなかったら日本のチームはなくなるよ、という話があって。選手の中には、そのほうが協会が変わるきっかけになるという声もありました。（スーパーラグビー参加に）手を挙げたのに準備は進んでいない。それくらいのインパクトが必要だと」

でも、と、落ち着いた口調は続く。

「そうなると次に入れるのはいつか。もう一生ないんではないかと。僕らはいいとしても、ユース年代の選手の目標がなくなってしまう。それにフミ（田中史朗）さん、リーチ（マイケル）などスーパーラグビー経験者がどんどん海外に出ていくと、ファンもなかなか応援しづらい。気がつくと周囲に誰もいなくなっているような感じでね。ここで僕までいなくなると……」

人間には使命がある。野心や功名とはまったく無縁の務めが。

堀江翔太の歩んできた道は、陽の当たる舗装路ばかりではなかった。ときに小石のまざる細い通りを進み、そのつど「無償の使命」をまっとうしてきた。

始まりは「GK」。ゴールキーパーだ。

大阪は吹田に育った。Jリーグのヴェルディにあこがれていた少年は、幼稚園でサッカーを始め、小学校入学でクラブに入って、さてポジション選び、ここで、のちの生き方はさっそく示された。

「FWをやりたかったのにGKを希望する人がいなくて、それで仕方なく手を挙げたんですよ。誰もやらないのは申し訳ないと思って。そしたらシュートをどんどん止めちゃって」。ポジションは確定した。「でも、なんか、チームに真剣さが足りなくておもしろくない」

小学5年、母親の友人の娘が吹田ラグビースクールに在籍しており「体験でどう」と誘われた。そして、たちまち未知のスポーツに魅了される。

「体が大きかったのでチヤホヤされた。次の週、ルールも知らないまま試合、ボールを持てば抜けるのでおもしろくて」

以後、心はラグビーにある。

記憶では小学6年の体格が「175㎝、77kg」。しかも機敏に走れた。

フッカー堀江は、スタンドオフ堀江であり、ウイング堀江でもある。ポジションのくびきを超えた総合的フットボーラー。裏へ落とすキックの精度は心憎く、トリッキーなパスを口笛を吹くように駆使する。

幼少のサッカー、なにより中学でのバスケットボール体験が背景にある。「ハンドリング、ステップ、間合い、経験はいきてますよね」。ラグビーのスクールは日曜だけなので平日は部活動に励んだ。

大阪・豊中の蛍池。地元で評判の寿司店「味久」の大将、土屋毅が笑う。

「15歳かそこらだった子供の言葉を私が使わせてもらってます」

堀江翔太、南千里中学校バスケットボール部の3年、吹田の目俵市民体育館、府大会の直後だった。土屋は愛息、健一の応援に行き、チームの同僚、翔太少年の際立つ力に一言かけた。「こぼれ球を拾ってはシュートを決めて凄いね」。一瞬の間をおいて「僕の仕事ですから」。あれからざっと15年、お客さんがたてこんで、てきぱきと寿司を握り、さすが、と、ほめられると「僕の仕事ですから」。口にするたび「使用料10円」なんて頭をよぎる。

**その響きこそ、世界の誰も気づかぬ**
**打倒スプリングボクスの前奏だった。**

のちのサンウルブズ主将のバスケットでのポジションはセンター。体力と技術のみならず献身においても群を抜いていた。

「味久」の息子、土屋健一は、勤務先のある東京都内で親友について話してくれた。

「堀江は大黒柱。1年から主力でした。近くの強豪中学の先生が試合中、『ホリエがきたー』と叫んだのを覚えています。自分を曲げない。ハイソックスをやめず、シューズもみんなが最新のアシックスなのに古い型のナイキ。彼がギターを弾くのを知ってますか？流行のJポップやヒップホップには目もくれず、一貫して山崎まさよし。まったく流されない」

　ガードの健一は、実は、センター翔太の楕円球の伴侶でもあった。

「中学時代、月に2、3回、土日の夜に家の電話が鳴りました」

堀江翔太からだ。ヒマしてる？　あいてるで。じゃあラグビーの練習に付き合って。

夕食後、自転車で千里南公園の円形広場へ向かう。並んでパスを交わし、健一がボールを蹴り上げて翔太がキャッチする。

　街灯が細々と2基。「暗くてかろうじてパスが見えるくらい。パントは見えてなかったと思いますよ。だいいちバスケ一筋の僕が蹴るんだから方向はむちゃくちゃです。でも彼は捕る」。注意書きの看板をめがけてパスを放ると「ガシャーン」と大きな音がした。その響きこそ、世界の誰も気づかぬ打倒スプリングボクスの前奏だった。

「あんなにバスケが上手なんだから、高校でも、と誘うんですが、ごめん、俺はラグビーやからと」

進学。大阪には強豪私学がひしめくのに府立の島本高校に的を絞った。

本人の述懐。

「啓光（現・常翔啓光）学園など私学へのあこがれもあったんですけど、兄が私立の大学に進んだこともあり、公立でラグビーのいちばん強い島本に決めました」

中学の進路指導では「それでいいのか」と諭された。学力では、より上位校へ進めたからだ。しかも自宅から遠かった。

「まったく他は考えていませんと」

高校3年。ナンバー8の堀江翔太を擁する島本は、花園予選準決勝で、全国にとどろく大阪工大（現・常翔学園）高を破って決勝進出、東海大学付属仰星に敗れた。

当時の島本の監督、天野寛之（現・摂津高校監督）は言う。

「あそこで仰星に負けてから、堀江の選手生活はすべてよいほうへ進んだのかなと。もし全国大会に出られていたら、どうだったのか。負け惜しみではないんですけど、悔しさがあって、ここまできた。高校日本代表になれなかったこと、花園に出られなかったことが、あいつのコンプレックスなんです。それが支えになった」

高校2年で勧誘された帝京大学に進み、新人で公式戦出場を果たし、着々と実力を発揮して「入学金免除のみの待遇から2年の途中に授業料もいらなくなって」そこからは順調に映るのに、みずから「コンプレックスはありましたよ」と認める。

なんと本誌も関係しているらしい。

「早慶明の選手ばかりがスポットライトを浴びて。いくら頑張っても『ナンバー』にも取り上げられないし。練習がきつくなると、いつか、あいつらより上に行くねん、と思いながら走っていました」

ただし堀江翔太の劣等感は、ささくれだたない。どこか飄々としている。

吹田ラグビースクール同期で幼いころからの知人、上野裕己（啓光学園―法政大学ラグビー部出身）が教えてくれた。

「おおらかで優しい。怒ってるところを見たことがない。まあ熱くならなくても相手をぶっ飛ばしますからね」

大学を出ると、ニュージーランド（NZ）・カンタベリーのアカデミーに加わった。帝京の指導にあたった同国出身のコーチの勧めだった。

「失敗しても取り戻せる。トップリーグの誘いを断って行くことにしました」

骨格からしてフッカーのほうがチャンスは広がる。現地で転向に踏み切った。他に類のない2番の誕生である。この海外雄飛によって、結果として三洋電機（現・パナソニック）との縁を得て、11年のワールドカップ出場、NZのオタゴ代表、スーパーラグビーのレベルズ入団、昨年のスポーツ史上の快挙とキャリアを重ねる。

「レールを敷いてもらい自分はチョイスをしただけ。会う人がみんなよかった」

旧友が口をそろえる「優しい男」は、それでいてジャパンでは、すぐ怒るエディー・ジョーンズに異論をぶつけ、防御システムを「気づかれないように」改良、パナソニックの名将、ロビー・ディーンズにも「この戦法は日本の選手には合わない」などと場をわきまえながらも物申す。

サンウルブズのマーク・ハメットHCとも前向きな意見を交わすつもりだ。

「スーパーラグビーを過大評価しないほうがいい。僕の経験でも、すべてが優れているわけではありません。戦術の理解力なら日本人のほうが高い。チームで動く能力も備わっている。もともとあるものを引き出したい。ハメットさんとは、理想と現実のあいだをうまく取れるよう話し合うつもりです。1年目はどう転んでものちのプラスになると思っているので」

長いものに巻かれない。肩いからせず、おのれを曲げない。根が闊達なのだ。

ギター演奏にとどまらず、沖縄の三線で『安里屋ユンタ』を奏でたりする。趣味は邦画の観賞、西川美和監督の『ゆれる』には感動した。

「音楽や映画の話ならなんぼでも」

インタビューで最も弾んだ声だった。

恩師、天野寛之が明かす。

「サモア戦のジャージィを僕のところに持ってきてくれましたよ。でも、ここ（摂津高校）にくる前に、ラグビー部員がひとりしかいなくなってしまった母校の島本高校に寄って、別のジャージィを届けてるんです。ちゃんと先にね。あいつらしいわ」

繊細で豪胆。そんな形容はどうやら虚しい。堀江翔太は堀江翔太だ。他者の気持ちを酌めるのに他者と同じではない。未来に対して自由だから過去にも素直だ。

ここに琉球の旋律をつまびくフッカーがいる。

初出＝『ナンバー』896号（文藝春秋）2016年2月18日

## 具智元
## 国境を越えた血と熱

赤と白のジャージィを宙につり上げた男の息子である。

具智元。グ・ジウォンと読む。

韓国出身で拓殖大学のラグビー部在籍、学生最強とも評価される右プロップだ。

雄大な骨格、そこだけ別の生き物のごとき太股の筋肉、誠心誠意の態度、そして父を尊う儒教の心で、いよいよ国際ラグビーの修羅場に歩みを進める。

身長184cm、体重122kg。こんなに大きな器なのに、50mを7秒02で駆けた。政経学部の3年生、帰国すると食べたくなるのはイイダコ料理。スーパーラグビーのサンウルブズが密かに抱える「アンカー（碇）」である。スクラムという船をぐらつかせぬための鉄塊のごとき重責をチーム最年少の21歳にして担う。

釜山（プサン）。ソウル。ニュージーランドの首都ウェリントン。大分の佐伯。東京西郊の山の中。そこから世界へ。幼いころから旅と異国暮らしを続けた。アジア最強のスクラムの組み手としてとどろいたアボジ（父）の支えと後押しが常にあった。

新年某日、拓殖大学のグラウンドへ向かう。中央線高尾駅からタクシーで八王子キャンパスに入ると「まむし注意」の看板が目に飛び込んできた。人工芝に雪が残る。昨年度は関東リーグ戦6位のチームの練習を離れた場所から眺めて、それでも群像に具智元の姿はたちまち確かめられた。

部員の持つハンドダミーにドーンと当たる。すべてにスケールが違う。前へ出て、匍匐（ほふく）で進み、楕円球を地面に置く。一連の動作はどこまでもたくましい。

かつての関西社会人の強豪、ワールドの左プロップ、遠藤隆夫監督がこちらに歩いてきてくれて、小声でつぶやいた。

「具のスクラムを相手が支えられなくなって、逆にこっちがペナルティー。いませんよ。こんなの」

全体練習後、ウェイト鍛錬に汗を流してから、学内の一室に本人が現れると、優しげな顔がそこにあった。

サンウルブズ入りを知ったのは。

「お父さんから、日本の新聞のフェイスブックで見たと電話がきました。去年の12月22日のことです」

夏にも「内定」と伝えられた。ただ指導体制が決まっていないので「正式ではないだろうと」。中学から日本で学んだ。言葉は滑らかだ。大学の単位は「4年の前期までにすべて取れる」見込みである。

スーパーラグビーで胸躍ることは。

「堀江（翔太）さん、（同じ右プロップの）垣永（真之介）さんからいろいろなことが学べると思いました。外国の重い相手とスクラムを組むのが楽しみです」

トレーニングに変化はありますか？

「はい。スクラムの姿勢の練習で背中に20kgの錘を乗せるようにしました。そのまま地面に手をついて歩きます」

こうした個人練習を苦にせず、すぐに取り組めるのは、これまでもシーズンオフに母国へ帰るたびに実家で父の施す猛特訓をこなしてきたからだ。住居棟の地下に共有のジムがある。朝7時から1時間半、みっちり鍛える。

「台にベルトをかけて自分は前に体重を傾けてスクラムの姿勢のままバーベルを挙げます。『スクラムウェイト』と呼んでいます。高校3年から続けてきました」

偉大なる父の愛情と信念の結晶、それが大きな大きな息子なのである。

アボジ、具東春。名はドンチュンと発音する。52歳。元大韓民国国家代表。おもに背番号1。いつか日本代表のスクラムをデストロイした。証券投資や高校のコーチを経て、現在は海軍基地内のピザとチキンの売店経営で成功を収める。

ソウル郊外の金浦・鶴雲の高層アパート14階、どうぞ、と通された居間の壁、ひとつ高い位置に2枚の表彰状は飾られている。それぞれの横には勲章も。

「これがあると、変な話ですが、罪を犯しても減刑されるんですよ」

智元の厳父が柔らかく笑った。

向かって左。「第10回アジア・ラグビーボール選手権　韓国選手団選手　具東春　貴下は国民体位向上と国家発展への貢献が大きく大韓民国憲法規定に則り次の勲章を授与する。体育勲章　麒麟章　1987年5月14日　大統領　全斗煥」。前年11月、タイのバンコクにおけるアジア大会決勝が対象だ。韓国は日本を24―22で破った。

右側の表彰状には「国威宣揚への貢献が大きく」と記されている。1988年11月19日、香港のアジア大会、スクラムでジャパンの赤白ジャージィを押して17―13の勝利、優勝を遂げた。大統領は、陸軍士官学校ラグビー部出身の盧泰愚であった。

香港での韓国のスクラムの猛威は語り草だ。当時、本稿筆者もジャパンのフロントローのある選手から「おそろしく強かった。ことに1番が」と聞かされた。

**韓国代表として活躍した父がなぜ息子を日本に送ったのか。**

眼前の英雄に聞く。覚えていますか？

「僕も腰が痛くてですね。薬を飲みながらやっておったんですよ。それでも気持ちが入ってしまってですね、レフェリーがストップ、ストップと言うのに、そのまま持ち上げてしまって」

大統領の勲章を戴いた男は、日本語で振り返った。そのころは宙に向けて押しても反則ではなかった。

具東春は、慶尚南道（キョンサンナムド）の軍港都市、鎮海（チネ）に生まれた。「中学校の体育教師がボクシング出身なのに、なぜかラグビーが好きで」運動能力の高い生徒を集めて、そこに名を連ねた。「もともと一番足が速かったのに私がスクラムを組むと押されなくなるのでプロップをしろと」。名門の鎮海高校では全国大会3位。陸上競技も柔道も「練習なしで大会に出て」活躍してしまう才能は、やがてソウルの各大学の注目を浴びた。

「僕の家は軍に野菜を卸す仕事をしていました。朝5時、母親が起きて市場に出かけようとしたら、高麗（コリョ）大学ラグビー部の監督さんが門の前に立っていたんです」

ライバルの延世（ヨンセ）大学の監督ともども近所の旅館に何日も泊まり込んでいたのだ。

「あのころの韓国のラグビーは大学のスカウトでも情熱があったんです」

結局、延世に進んだ。日本の早慶戦のような高麗との定期戦に在学中は無敗、2年から「国家代表」に選ばれた。

尚武（サンム）（軍体育部隊）、韓国電力、さらに本田技研鈴鹿（現ホンダヒート）で5年ほどプレー、人脈のある日本に息子たちを送り育てる決断に踏み切った。
「12年間、国家代表をやりました、こんどは家族を先に考えてもいいだろうと。日本では練習試合でもお客さんがいる。それに比べると韓国のラグビーはさみしい。昔の情熱もなくなってしまった」

父はひとつだけ経歴に悔いを残す。日本の本田技研では「自信があったのにケガばかりで活躍できなかった」。だから智元、1学年上の兄、智允（ジユン＝拓殖大学4年生のSO、今春よりホンダヒート）には、ラグビー選手として大成するための節制と鍛錬を求めた。以下、智元の競技歴。

釜山での小学6年の終わり、ウェリントンへ留学。同地のウェリントン・カレッジでラグビーを始める。「それまでスポーツの経験はなし。コンピュータのゲーム中毒でした」（東春）。智允とともにホームステイをしながら異国のさみしさに耐えた。「でも、そこがベジタリアンの家、智元は15kgもやせてしまった」。韓国系の受け入れ先に転じて食事は改善される。

約1年半の滞在を終えて日本へ。三重県四日市の公立中学に入学する。「近くにある朝明高校に進むつもりでした」。花園の全国大会にも出場の実力校である。韓国のラグビー留学生を長く受け入れていた。
「しかし私の（韓国のコーチ時代の）教え子とメンバー争いをしなくてはいけない」

そこで縁のできた大分・佐伯市へ移る。兄は、地元の日本文理大学附属高校を選んで、弟も同じ進路を視野に公立中学へ。

智元に八王子で確かめた。そのころには日本でラグビーを続けていくと?

「はい。将来、トップリーグでプレーしたいという気持ちが強くなったからです」

日本文理では花園には届かぬも、圧巻のスクラムとパワーで高校日本代表に選出される。兄に従い拓殖へ。U20日本代表に呼ばれ、そこで、エディー・ジョーンズ指揮のジャパンのコーチで、元フランス代表フッカー、スクラム指導の専門家であるマルク・ダルマゾと出会う。

慧眼は、韓国生まれの大学2年生をすかさずとらえた。いつでもどこでも「クゥ（具）」と声がかかった。たとえば東京都内の宿舎ホテルの食堂で。

「その場で、普通の靴を履いたまま、足の位置のルーティンを教えてくれました。組む前に下げるなと」

フランス語の福本美由紀通訳は明かす。

「溺愛していました。『これが3番の体格だ』と。レキップ（フランスのスポーツ紙）の記者の取材を受けても、ジャパンの話にはなかなか進まず、U20の具くんのことばかりで、相手は困っているようでした」

大学3年の秋某日、その福本通訳からの電話が鳴った。「フランスのプロのアカデミーに行ける。学校と交渉をしてくれ」。ダルマゾの伝言である。

なんとトゥーロンへの推薦だった。サッカーにたとえるならバルセロナか。世界の顔が並び、しばしば金満をあきれられるほどの絢爛豪華なクラブである。

誘われた当人が言った。

「エージェント会社の方がここまでこられました。本当にびっくりしました」

残念、関東大学リーグ戦と時期がまともに重なることであきらめた。

「行ってみたい気持ちもありました」

本人は正直に心境を明かす。

ところが韓国の父は違った。

「日本人ならばフランスに絶対に送りました。でも智元には日本でまだ勉強することがたくさんある。行ったり来たりするよりも階段をひとつずつ上がるように進んだほうがよい。それに日本人なら向こうでケガして帰ってきても別の道があるけれど……」

マルクと東春が、おのおのの愛で、智元のでっかい尻を押し込んだ。

愛される息子に質問した。ダルマゾとお父さんの教えは似ていますか？

「はい。低さを求めるところ。低くて安定しなくてはならないというところ。そのための練習量を大事にするところ」

違いは？

「足の幅ですね。ダルマゾは広く。お父さんは肩の幅のほうが力が入ると」

どちらに従いますか？

好漢、具智元、少し間をおいて。「組む相手によりますね」。満点の答えだ。

サンウルブズのジャージィを与えられ、トップリーグからの誘いはすでにひっきりなし、その先には日本代表がある。

「ジャパンに入りたいです」

父の次なる勲章、それは息子の胸に咲き誇る桜だ。

初出＝『ナンバー』896号（文藝春秋）2016年2月18日

## 桑水流裕策
## ニュージーランド代表を破った主将

人格がそこに立っている。ほとんど神々しい。厳然と存在しているのに透明のようだ。

8月23日、トップリーグの「プレスカンファレンス」が東京都内で行われた。開幕前の恒例の催しである。そこに、あのヒーローの謙虚で謙虚でまた謙虚な姿があった。

桑水流裕策。7人制日本代表の主将である。この午後は、コカ・コーラレッドスパークスの主将代理の立場で出席した。他チームの指導者も並ぶ壇上での挨拶では、まず「各ヘッドコーチ、また、ここにはおられませんが大学の監督の方々、選手の派遣など7人制の活動を理解していただき、ありがとうございました」と誠実としか表現できぬ口調で謝意を示した。見事なオリンピアンである前に立派な社会人がここにいる。

次にスピーチしたサントリーサンゴリアスの沢木敬介監督は、斜め後方の桑水流主将代理にあの鋭い視線を優しく走らせ、こう語った。「チャレンジ精神の大切さをリオ（五輪）で知りました」。以下、多くのチームからニュージーランド代表を破った7人制代表を称えるコメントが続く。すると、桑水流裕策は、そのつど律儀に頭を下げる。実に自然に。そんな仕草が美しかった。

あらためてリオデジャネイロの7人制男子代表は、初戦でニュージーランドを14―12で破って国際ニュースの主役となり、結果としてファイナリストとなる英国には19―21の惜敗、ケニアを31―7で退けると、準々決勝のフランスに残り17秒の劇的逆転勝利。準決勝において金メダルを獲得するフィジーに5―20、銅メダルのかかった3位決定戦では南アフリカに14―54と力尽きるも、セブンズとしては初実施の五輪で4位の堂々たる成績を残した。

その最前線の当事者、キャプテンが、匿名で慈善事業に財産を寄付してきた人物がふいに特定されたみたいなたたずまいで控えめにしている。そんな静かな態度に、むしろ、ひと回りした迫力はにじんだ。この男の辞書に「虚勢」や「自己プロデュース」の文字はない。

当日の体重は96kg。身長は189cmあるので細身に映る。記者に囲まれると「4kgは増やしたい」。セブンズ仕様から15人制への切り替えを始めたところのようだ。そして、8人で組むFWのロック桑水流もまたトップリーグ屈指の実力を誇る。新しいシーズン、ぜひそこを凝視してほしい。

五輪開幕前。たまたま九州電力の元ロック、敬称略で、吉上耕平と会った。福岡の筑紫丘高校出身、本コラム筆者が早稲田大学のコーチをしていたころの部員であった。現在は現役を引退、東京に転勤して仕事に力を注いでいる。よい機会なので、トップリーグで対戦してきたロックで、ジャパンの常連、たとえば東芝の大野均のような相手を除いて、実は、手ごわい、尊敬できるという選手は誰？　と聞いた。

答はすぐ返ってきた。「桑水流です」。そのココロは？　「逃げない。外国人にもブレイクダウンの体の張り合いで負けません」。五輪後、その吉上耕平と「赤白が黒衣に恥をかかせた」祝杯を都内のB級酒場にて交わす。キックチャージの名手にしてラインアウトの最高級頭脳でもあった元ロックの第一声はこうだった。「桑水流、九州の魂、見せましたね」。セブンズの空中戦の顔は、15人制の地上肉弾戦に骨きしませた福岡の好敵手からも尊敬されている。

さて余談。鹿児島生まれの桑水流裕策の姓をクワズルと読む。ぜひサンウルブズに選ばれて、いつか南アフリカのシャークスと敵地で戦ってほしい。その土地、ダーバンはクワズールー・ナタール（KwaZulu-Nata.）という州にある。クワズールーでクワズルが大暴れするところを見たい。

初出＝SUZUKI RUGBY「友情と尊敬」（スズキスポーツ）2016年8月

## 平尾誠二
## 華麗で、ときに泥臭く。

京都に『五條長兵衛』という漬物と佃煮の店がある。うまい。

そこの主人が言った。

「タックルする。そう決めたら激しかった。ああいう天才肌の人って、ジャージィが最後まで汚れないイメージがあるでしょう。そうではありませんでした」

平尾誠二を語っている。

突然のようにラグビー好きを虚しさが襲った。その53歳の死に際して、本稿は、現役時代の勇姿への追慕をこめて「敬称略」を通すのを許していただきたい。

五條長兵衛主人、中村隆夫は若き日、本田技研鈴鹿ラグビー部（現・ホンダヒート）のバックスとして関西リーグで神戸製鋼と戦った。「平尾さんとは3試合」。いっぺん雨の日があった。

髪と髭を泥で汚しながら、あの端整な容貌のスターが、餓鬼のごとく目をむいてヘビーなタックルを続けた。「うまいだけと違う。強い」。後年になって京都で数度だけ酒席をともにした。

「同志社ラグビー部の同期で選手としては無名だった仲間と話していると本当に楽しそうでした」

白状すれば、長く取材しながら「ハードタックラー平尾」の輪郭を結べなかった。閃光ステップ、生き物のようなパス、確実で効果的なプレー選択に気を奪われた。

平尾誠二をひとつの像で記すのは難しい。「ミスター・ラグビー」にはどこか違和感を覚える。何かの象徴や代表は似合わない。もっと複雑な「個」だ。

華麗でときに泥臭く、各界名士との知遇を得ながら、ラグビーでは一流になれなかった旧友にこそ心を許した。多面の皮をむいてもむいても次の皮は現れ、奥のまた奥に柔らかく小さな塊が残った。

それは早熟をうたわれた少年期から変わらぬ感受性だ。鷹の視線でグラウンドを呑み込み、鋭敏な直感でゲームを支配、なお用心深いまでに警戒心を解かなかった。負けず嫌いだが露骨を嫌った。

1997年2月、34歳でジャパンの指揮を託された。就任約1年後、本稿筆者に述べている。

「個人の差を詰めて、ようやく、日本の形がどうだとか攻め方がどうだとか、という話が出てくる」

ワールドカップでは3戦全敗。融通無碍の美質をひとまず封じて、明確なスタイルから逆算して個を鍛えなければ間に合わなかった。見切りと断定が必要だった。しかし、そうしない平尾流が、旧来のスポーツ観を好まぬファンには魅力でもあった。

京都・伏見工業高校で、国民的テレビ番組『スクール☆ウォーズ』の題材となる日本一、同志社に進んで史上初の全国大学選手権V3を遂げ、神戸製鋼の日本選手権7連覇の主役を務めた。19歳4カ月でジャパン入り、選手で3度、監督で1度のワールドカップを経験した。

栄光の真ん中をいつも歩んだ。されど高みに胸を突き出す様子はなかった。本流であるのに闘争と決断の渦からはわずかに外れて、線の閉じない美しいスケッチを描く芸術家のようにふるまった。

みずから有名を求める性格ではない。さりとて照れて照れて脇に退くには早くから声望があり過ぎた。周囲に押されて初めて中央へ立ち、無垢な敬意を裏切らぬように「ミスター・ラグビー」を演じた。悲しい死によってスケッチの線はつながる。秀でていて強くて弱くて優しい自画像は完成した。

初出＝『ナンバー』914・915号（文藝春秋）2016年11月4日

## 愛のひと、ジェイミー・ジョセフ。

サニックスは愛のチームだ。

福岡県遠賀郡、国道沿いの寿司割烹店、かつて、この支店でホールを担当した年配女性に顔写真を差し出してみた。

「覚えてます」

水草郁子さんは、息子の親友を見るような目で続けた。

「いつもナマスシ、ナマスシって。並寿司のことなんですよね」

日本代表の新しいHC、ジェイミー・ジョセフは、1995年から2002年までサニックスに在籍した。ラグビー界がプロ容認に踏み切って、その先駆として日本の新興クラブにやってきたのだ。

グラウンドのそばにあった寿司店の「みよし」を気に入り、足を運んだ。新鮮なにぎりが8貫の「ナマスシ」が好物だった。

ハイ、ミヨシ。道ですれ違うと、赤ん坊の笑顔で手を挙げた。

「体は大きいのに愛嬌があって」

元ニュージーランド（NZ）代表オールブラックスの大男は、かけなら360円の「英ちゃんうどん」とも恋に落ちた。帰国後も、サニックスの短期コーチで来日するたびに通った。本誌の渾身の調査によるとこのごろは「肉うどんに海老天を3本追加でのせる」らしい。

夜。宗像サニックスの「もうひとつのクラブハウス」を訪ねた。鶏や豚の串焼きで鳴る酒場、カウンター席のみ、おそろしくうまく不思議なほど良心価格ゆえ、店名を明かしたら満席確実、選手たちが路頭に迷う。ここでは「HJ」としておこう。

頑固だろう主人とその夫人は、都会のビッグなクラブとは異なるスモールでローカルなチームをラブしている。有名大学出身の有名な選手なし。草の根クラブを経て入団の遠回り組が複数在籍、水道料金滞納者の蛇口をハリガネで縛る公務に従事していた者もいる。潤沢でない布陣ながら走り負けせぬ体力を養い、独自の戦法を貫徹、しぶとく白星をたぐる。そこがたまらない。

選手寄贈のジャパンの練習着やオールブラックスのジャージィが油まみれで飾られている。ビニール袋でくるんだりケースに収めないのは無精ではなく、主人の心の奥の「照れ」ゆえだ。店の角に積まれたビールケースのてっぺん、某選手の幼子が眠っている。後ろに結んだ尾っぽの髪をたまに鉄板で焦がす主人は、引退した無名戦士のその後の奮闘を熱く語ってくれて、牛蒡の鶏皮巻きもいっそう美味だ。

もういっぺん記す。サニックスは愛のチームである。スーパーラグビーのハイランダーズを頂点へ導いた敏腕、ジェイミー・ジョセフのコーチングは、ここ宗像の歳月と無関係ではない。

盟友の証言がある。宗像サニックスブルースを率いる藤井雄一郎監督が、本家クラブハウスの応援スペースで言う。

「彼の中で、このクラスの選手じゃなくては勝てない、という感覚はあまりないんです。これとこれを守ってくれれば必ず勝てるから、という発想。練習の態度がしっかりしているなら誰にも資格がある」

人間に関心がないわけではない。

「戦術よりも人について話すことが多い。ただ（代表歴を示す）キャップ数がいくつだとか、そういうことより、練習に対するエネルギーのようなところを重視する」

背景にサニックスのクラブ文化がある。博多駅から最寄りの東郷駅まで快速で40分近くかかる。地理的に、また大企業ひしめくトップリーグにあり94年創部という歴史の短さからしても、人材は集まりづらい。名もなき原石を掘っては磨く。練習態度がなっていなければ話にならない。

現役時代の藤井監督は、熊本のニコニコドーの主軸、西日本社会人リーグでジョセフを擁するサニックスと戦った。

「初めての出会いは敵です。うちのサニックス戦のゲームプランは、ジェイミーがきたら誰と誰が倒す、喧嘩になったら全員でいく、というもの」

98年度を最後にニコニコドーが廃部となりサニックスへ移籍、両者は同僚となる。

「最初の日に飲みにいきました」

ジョセフはニコニコドーのしぶとさを知っていた。自分がいるのに勝てなかった。きっと優秀な日本人がいる。それが練習とゲームを仕切る主将の藤井だった。

当時のジョセフについての印象。

「コーチがグラウンドの中に立っているような感じでした。選手としてはとんでもない化け物というほどではない。むしろチームの導き方、仲間の心理の把握に優れていた。ゲームの裏側を見るというのか」

すでに指導の才はあった。

「ジェイミーがついていたのは（新しいチームである）サニックスに長くいて、すべてを自分で手掛けられたこと。私もニコニコドーが貧乏チームだったので選手のころからそうでした」

持たざるゆえに裁量の幅を持てた。

15年にスーパーラグビーを制するハイランダーズも似ていた。ウェリントン、オークランド、クライストチャーチら都市のチームに比べ、オタゴ地区のハイランダーズの資金と人材は薄い。

「いい選手を集めて勝つ。いいコーチングで勝つ。彼は後者ですね。15人全員の能力が高くなくても戦えるシステムを考える。ハイランダーズがそうでした。いまのジャパンも近いと思います」

システムの解説。「ポッド＝pod」システムを採用する。辞書の最初に「豆のサヤ」とあるが、別の意味の「イルカなどの小群」から名付けられたらしい。NZ発祥。選手を数名ずつ小さく分けてピッチに配しボールを動かす。ジョセフ流は次の通り。

「グラウンドに4つのポッドを配する。真ん中の2つのアタックでは、スクラムは強いが器用でないという選手もこなせるよう簡潔に確実にボールを出し、両側の大外に能力の高い選手を置く」（藤井）。これなら万能型の数が限られても機能する。

そしてサニックス在籍の最大の冥利は、宗像の土地の人情に抱かれて「日本が本当に好きになった」事実だ。この夏も家族連れで藤井家に「1週間泊まった」。ジョセフその人がラーメンを軸に外食ローテーションを緻密にこしらえる。「帰りの荷物は刺身包丁にポン酢に醤油」。地元漁師に釣り道具探しを頼む一幕もあった。

藤井監督に聞く。ジョセフ、ジャパンを強くしますか？「します」。よく研がれた包丁の口調だった。

最後に紫のあざを書きたい。

ジェイミー・ジョセフは、99年5月から同年10月のW杯ウェールズ大会まで、故・平尾誠二監督の率いたジャパンに選ばれている。あのころは居住3年の条件を満たせば複数国の代表になれた。

元リコーのロック、日本体育大学ラグビー部の田沼広之監督は、計8試合、ともに桜のジャージィをまとい出場している。

「ゼッタイ、カツ。これが僕とジェイミーの合言葉でした」

大物の合流。好漢、田沼は、敬して遠ざけず身上の明朗さで懐に飛び込む。以来、現在に至るまでの友となる。

「年に2、3度は電話をするので、日本語と英語を混ぜながら話すんですけど、離れている感じはしませんでした。知性があり砕けたところもある。完璧な人柄ですね」

愛称タヌとジェイミーの思い出。

「僕、代表を落とされかけたことがあったんです。タックルができずに。そこで特訓を命じられまして。それがジェイミーへの連日の1対1のタックル。30分から1時間近く、まっすぐ本気でぶつかってくる。僕は骨っぽい体なんで、ジェイミーの膝のあたりが紫色のあざだらけなんですよ。それでも、タヌがいいと思うまでやろうよと、また、すごい形相で向かってくる」

後年、本人にたずねた。なぜ、あんなにまで手を抜かずに？

「タヌにタックルができるようになってはしかったから。それだけ」

タヌとジェイミーに弟分がいた。

渡辺泰憲。複数ポジションをこなす大型ＦＷ、代表の遠征休日によく行動をともにした。

現役引退後の２０１０年４月３日、何が起きたのだろう、鎌倉駅の鉄路に忽然と命は消えた。享年35。ジェイミーは噂を聞いてタヌに連絡をよこした。

「残念だがそうだ」

受話器の向こうに嗚咽が広がる。

「まだ信じない」

そう言って、また泣いた。

初出＝『ナンバー』９１６号（文藝春秋）２０１６年12月１日

## 福岡堅樹
## 誰よりも、速く。

注意喚起！　あと3年経つと見られなくなる。15人制ならざっと2年。いまのうちだ。せっせと網膜に焼き付けよう。「速い」ということは「強い」ということ。そんな魅力の実例を。「小すなわち弱にあらず」の貴重な姿を。

福岡堅樹。今季好調のパナソニックワイルドナイツにあって絶好調のＷＴＢだ。ジャパンが世界に提出できるフィニッシャーである。10月末からの国際試合期間、まず世界選抜戦、ついでオーストラリア代表ワラビーズ、トンガ、フランスとのテストマッチ、順当ならすべて主力をなすだろう。

25歳。トップリーグ8節までに7トライを記録。数字には残らぬチャンスの創造もひっきりなしで、記事の表現としては稚拙で申し訳ないのだが、もう「キレキレ」なのである。

福岡県立福岡高校2年のころ、運動靴のまま１００ｍを11秒2で駆けた。医学部進学を視野に受験浪人、ひとまず筑波大学情報学群情報科学類に入学、在学中に日本代表に選ばれ、プロ契約でパナソニックに入った。2年前、強豪南アフリカを撃破し3勝を挙げたワールドカップに出場、昨年のリオデジャネイロ五輪では7人制でニュージーランドを破る快挙を遂げる。

パナソニックのクラブハウスでのインタビュー。医学部受験に備え、3年後の東京五輪の7人制を現役の締めくくりとしたいと明かした。それゆえの覚悟のほども。

**サンウルブズで得た貴重な経験と自信。**

――絶好調に映ります。どうして？

「サンウルブズでの経験ですかね。海外で戦ってフィジカルの自信がつきました」

――175㎝、83kgのサイズでコンタクトに引かない。ものすごく速いということは強さをもたらす。そうですよね。

「（当たる）瞬間のところで加速すると、相手は（タックルのために）ヒットしたい（体の）ポジションからずれるので。そこでスピードを上げれば、一瞬、当たり勝つことはできます」

――スーパーラグビーは全体に攻撃志向。思い切りアタック能力を試せますね。

「ジャパンとはまた違ったプレッシャーといいますか、世界レベルの試合なのに楽しみながらできるというのか。そこで身につくものはありました」

――真剣勝負だけれど、代表のように勝てばよい、というのとも異なる。

「ジャパンでは、どうしてもプレッシャーがかかって、アタックのオプションも堅実なほうを選んでしまう。サンウルブズではリスクのある選択も許されるので」

――他方、相手も背の低い選手がいるぞ、と、高いキックで狙ってきますよね。

「空中戦の自信はサンウルブズでつきました。競り負けなかったので。ジャンプ力で最高到達点を上げれば競り合える。ジャパンのアイルランド戦でも通用しました」

――その6月のアイルランドとのテストマッチ（22―50、13―35）、2年後のワールドカップで同組に入る屈指の強豪の印象は。

「研究されているな、と感じました。堅実なチームで、一人ひとりが小さな動作をサボらない。必死で謙虚でした」

――精神的な充実も伝わってきます。

「少し余裕はできたのかなと。（キックを受けた後に切り返す）カウンターでも、ここがいけそうだと、周辺をよく見られるようになりました」

――パスを受ける。外へ一気に抜く。それは難しいと内側へ鋭く切れ込む。ここのところの判断がまったく乱れませんね。

「WTBの仕事はそこだと思っています。外に勝負することも大切ですけど、ボールを失うのは最もしてはならないこと。判断については意識してきましたし、できているのかなと。トイメン（正面で向き合う選手）との関係や試合の流れに応じた駆け引きもあります。その場その場で違ってくる」

——体、心、技。最後のところについて。

「スキルはまだまだ伸びると思っています。せっかく左利きなので、それをいかすキックの安定、（接触と同時にボールをつなぐ）オフロードなどですね」

——11月4日、日産スタジアムでのワラビーズとのテストマッチ。仮に先発出場できたとして、さあ、ここを見てくれ、という意気込みをぜひ。

「決定力ですね。ジャパンのシステムではWTBがトライを決めるのが最高の形。その仕事はきちんとしたい。（WTB、FBの）バックスリーの層も厚くなって争いは激しい。ひとつずつ与えられたチャンスを無駄にしないことが大事です。コンディションを整えることを重視しています」

——昔話を。あの南アフリカ戦、メンバー外で観客席にいました。悔しかった？

「もともと（その次の試合の）スコットランドとの相性がいいと評価されて、（ヘッドコーチの）エディー（・ジョーンズ）さんから、そっちに集中してくれ、と言われていました。でも、いざああなったら出たかったなと」

――正直に。勝つと信じていましたか。

「信じ切れないというか、ドキドキしていたというか。だんだん、わからなくなっていきました。最初は逆転されてもおかしくないと。それが、いけるかもしれないに。そこはファンの方とあまり変わらなかったと思います」

――4強入りのリオ五輪について。

「W杯より自信を持てました。厳しいトレーニングをして、体を絞り、その結果、ワークレート（ボールを持たない時の運動量）に反映されるようになりました」

福岡堅樹は練習を終えて自室に戻ると開く。冷蔵庫の扉を？　違う。大手予備校の通信授業のためにパソコンを。それからピアノを。小学4年、九州・山口ジュニアピアノコンクール出場。足のおそろしく速い男の子は、勉強が得意で、手の指は鍵盤の上をよく動いた。

――もともと医学部志望。いまでも？

「もちろんです。2020年のオリンピックでトップクラスのラグビーは終わりにします。15人制は（W杯日本大会の開かれる）19年まで。おしまいが決まっているから、いまに集中できる」

——もういっぺん受験勉強に励めますか。

「そこは切り替えです。いまも短時間ですけど予備校のインターネットの授業を基礎から受けています」

——どの分野の医師をめざす？

「現時点では、自分の経験をいかしてスポーツ整形を。トップクラスの選手経験があれば説得力もあるはずなので」

——趣味のピアノ、続けていますか。

「はい。マンションなのでヤマハの電子ピアノですけど。先日も楽譜を買いました。ひさしぶりに触っても、ベートーベンの『悲愴』なら指が覚えています」

——あ、ラグビー選手のインタビューでした。最後に。試合中、自分より速い相手の選手を見つけたら、どんな気持ちに。

「いままで、こいつには追いつけないな、と感じたことはありません」

初出＝『ナンバー』938号（文藝春秋）2017年10月26日

## 菊谷崇　キャプテンに特等席を

菊谷崇が現役を退いた。来年のワールドカップ、ジャパンの試合でも、釜石のゲームでも、もちろんファイナルでも、この人は、すべての会場の特等席に招かれるべきだ。書きたいのはそれだけである。

37歳。2月18日、ラグビー人生の原点である奈良県立御所工業高校、現在の御所実業のグラウンドで「引退試合」を行なった。『ラグビーリパブリック』の名物コラム、「ラグリパWest!」に詳細な報告があって、ああ、菊谷崇らしいなあ、と思った。

本稿筆者が、本当の菊谷ファンになったのは、2010年11月のある午後である。御所市の市民運動公園。最寄り駅のないグラウンドにたくましい体と憎めぬ顔を見つけた。当時は日本代表の現役キャプテンのはずである。御所実業。天理。花園出場権をかけた高校ラグビーの奈良県大会決勝がいよいよ始まる。観戦者までを修行僧の表情にさせる実力伯仲の決闘である。

菊谷崇はそこにいた。目立ちはしない。むしろ気配を消すように熱戦に静かな視線を注いでいた。母校は緊迫の接戦を制した。ジャパンの主将はうれしそうだ。高校時代の辛く楽しい思い出を胸に選手生活を終えた名も無きOBのような雰囲気をたたえていた。学窓を出てから何年がたっても、後輩や恩師への親愛を分厚い胸にとどめている。「いい人だ」と確信した。

決着がつくや、ほんの少しの時間だけ挨拶や談笑をして、すぐに駐車場へ向かった。あっさりしていて、そこがまたよい。有名になっても無名の時間を大切にする。自分と同じ青春を過ごす後進たちを気にかけている。しかも自然体で。ますます、ひいきになった。だから「御所工業」での勇退のゲームは意外ではなく納得の微笑をさせられた。中学校では野球少年。まさに、ここの土地から、後年、ワールドカップを率いたリーダーは誕生したのである。実にふさわしい場所ではないか。

『ラグビーリパブリック』の同コラムを引かせてもらう。

「恩師でもある御所実監督の竹田寛行はインゴール裏から見守る」。よき指導者の好む位置だ。さすが。そして「OB、高校生、ラグビースクール生、保護者、関係者ら約600人が集まる」。驚いてはならない。このくらいの人間が足を運んでも不思議はない。「日本代表キャップ68。トップリーグ通算出場156試合。歴代4位と5位の記録」（同）。見事な数字であり、さらにファンの特権として、御所工業―大阪体育大学―トヨタ自動車―キヤノン、ジャパン、それぞれがレコードを超越するそれぞれの思い出を抱いている。

あらためて記す。ジャパンのキャプテンとは、日本列島で楕円球にしがみついた者すべての象徴であり、頂点である。歴代主将は、もっともっと厚く遇されてよい。日本協会は、いっぺんでも日本代表のキャプテンシーを託された元選手の完全なリストを作成、例年のテストマッチ、こんどのワールドカップへの招待状を送るべきだ。プロボクシングの世界タイトルマッチの会場では、しばしば、リングサイドの元王者たちが紹介される。スポットライトを浴び、照れながら手を振る姿はいいものだ。

強くて柔らかく自由で責任から逃げなかった男、菊谷崇、それから有史以来の「胸に桜のキャプテン」よ、どうかメイン席にゆったりと腰かけてください。

初出＝SUZUKI RUGBY「友情と尊敬」（スズキスポーツ）２０１８年２月

## 「第3のフッカー」隠れた英雄になりうる人よ

たぶん、しらっと、フロントローの並びの真ん中に帰ってくるのでは。そう思った。いまも思う。東芝ブレイブルーパスのあの「2番」である。湯原祐希。本年4月、チームのアナウンスがあった。「アシスタントコーチに就任」。ただし正式な現役引退ではない。

先の8月3日。東芝の元日本代表、ユーティリティーFWの望月雄太、SHの吉田朋生両氏とともに、東京・調布駅前で、パンフィック・ネーションズカップのジャパン－トンガのパブリックビューイングの進行解説をした。あれは打ち合わせのときだったか、試合中か、ともかく望月さんがこう言った。

「湯原、スクラムはいまでもいちばん強いですよ」

そうだろうな。35歳。円熟も円熟。自由自在の境地に達しているのではあるまいか。コーチングとは自分をコーチすることでもあるので、あれだけのスクラムの駆け引きの達人が、さらに、アートにしてサイエンスにしてレスリングの秘訣、奥義をつかんだ可能性は否定できない。

この職人にして名人の存在をワールドカップが近づいたのであらためて強く認識した。4年前の大会の「隠れた英雄」、それが湯原祐希（現役登録の可能性があるので敬称略で）なのだから。スコッドにあって、当時は東芝の廣瀬俊朗とともに出場機会はなかった。南アフリカ代表スプリングボクスを破る「スポーツ史上のアップセット（番狂わせ）」。さっそく子どものまねした五郎丸歩に限らず、ほとんど1日にして、チームそのものがヒーローとなった。廣瀬前キャプテンには、縁の下のリーダーのイメージ（もちろん実相でもある）がともない、複数ポジションをこなすこともあって、あえて出番なし、というストーリーは、当人の心情とは別のところで、成立しえた。

しかし、湯原祐希はあくまでも「第3のフッカー」である。無論、見る人は見ていたし、なにより同僚の評価は揺るがなかったが、称賛のジャパンにあって静かな存在であったのは確かだ。なにより本人は、ひとりの思慮深いラグビー選手として、ブライトンで、グロスターで、ミルトンキーズで、芝の上に立ち、かがみ、スクラムを制御してみたかっただろう。「チームとしてはそれでよかった」と述べては冷たい。でも、しかし、だが、「チームとしてはそれでよかった」とも思うのである。

よくスクラムを理解し、理解に基づき実践できて、レフェリーとのコミュニケーションを成立させ、ラインアウトのスロウはたいがいまっすぐ伸びて、フィールドの外では愉快なチームマンであるような個性が、負傷やらなにやら緊急事態が発生した際、ブレザーやスーツとついにおさらばして、ジャージィをまとう。突然の昇格に焦るわけでなく、満を持す気負いもなく、自然体で実力を存分に発揮する。チームとしては悪くない。

たぶん、素晴らしい先発フッカーが「第3の男」には不向きという例は世界中にあるだろう。優れた「第3の男」が先発として光を放つ例もきっとある。湯原祐希である。

さあワールドカップ。ジャパンの最終メンバー発表の前なので、いわば希望を記したい。「隠れた英雄」となりうる人格をぜひ。ここまで主要テストマッチの出場機会にさして恵まれない者でも、フィールドの「外」でのリーダーシップを有する人間ならワールドカップの場に必要だ。それは「内」を託されたリーチ マイケルの負担を軽くすることにもなる。出場機会を得るのが最良だろうが、仮に、4年前の湯原祐希の立場になっても、ラグビーと人間への洞察の深いリーダーが加われば力になる。

初出＝「RUGBY REPUBLIC　ラグビー共和国」（ベースボール・マガジン社）2019年8月23日

# 4

## 【ラグビー、人生の学校】

# 割り切れぬから本当

## 割り切れぬから本当

自分で「解説」を書いたのだから利害の当事者ではある。でも長い付き合いの本欄の読者に甘えて、この文庫本を薦めたい。買って、読んでください。

『闘争の論理』(鉄筆文庫)。元日本代表の名将、大西鐵之祐の著である。1987年に発刊され、このほど鉄のごとき意思を抱く小さな出版社が文庫で復刻した。定価1500円+税。安くはない。でも価値に比して良心的だ。かつて福岡県立修猷館高校、早稲田大学で鉄のフランカー、大手出版社を辞して、鉄筆創業、渡辺浩章さんの「若い人にも手にしやすいように」の志が、質量ともに重い一冊を再び世に出した。

哲学。文化。教育。それぞれがスポーツとの関連で述べられる。具体的な「チーム構築」の章は、すべてのコーチの必読と信じる。「闘争の論理」の章には「戦争をしないためにラグビーをする」思考の根幹が語られる。このコラムではラグビー、スポーツそのものについて紹介したい。ページを深く覆うのは、いわば「闘争の真ん中の純粋性」である。その境地を知った者の幸福と責任と言い変えてもよい。たとえば、激闘にも一線を踏み越えない「フェアネス」を獲得した両チームがぶつかったあと、両者の満足があり、そこに「詩がわく」と聞き手に問われて、著者はこう答えている。

「詩というよりも美じゃないですか。ぼくはそれを青春の純情の極致と言っているんです。青春時代にしか持つことのできないロマンチックなプラトニックな恋みたいな純情の極致。その純粋なものの満足感じゃないですかね」

若者の特権でもある。この場所から人間の行動、さらには社会を考察していく。闘争的スポーツに打ち込み、好敵手とのまさに闘争において、つかんだ境地は、まぎれもなく本当の出来事なだけに理屈では割り切れない。

集団の真価についても語られる。

「人間の精神というのはグループをつくってある目標をつくり、目標達成のために協力してやっていくときに初めて進歩することができるんだ」

しかし、どうしても「教科書を教えていれば子供たちは成長するんだ」という風潮は強く、また同様に「坐禅を組んでいれば精神的に成長していくんだ」とも考えられがちだ。本当はそれでは足らない。理性と黙考を超えるチーム競技の「極致」としてのラグビーの有する機能である。

「遊びと労働とのつなぎをやるのがスポーツだと思うんです」

この一言も興味深い。楽しみと苦行が溶け合う、ということか。概略、こう続く。スポーツの練習の毎日がいかに苦しくても、それは奴隷の苦しみとは違う。みずからの意思で選んだ鍛錬の先には勝利の充足が待っている。

「スポーツは現世利益のようなものは何もないけれど、それにほれたやつがいいものをつかむ」

ライクでなくラブ。大西鐵之祐の口ぐせだった。そして、この不朽のコーチにして社会学者にして哲学の考察者は、学究の最後の最後まで迷っていた。いよいよ我欲を超越、「ここだと思って自由の域にいるとき」に、なお、「絶対に勝つんだという、そんなものがなければならないような気がするのです。そうでないと負ける」。勝ちたいという欲を断って、それでも勝利をとことん追求する。ここにも簡単に割り切れぬ領域がある。

そうなのだ。本当のことは「際（きわ）」にひそんでいる。それを言葉にするのは難しい。「全653ページ。ちょっと価格の高い文庫本」のゆえんである。

初出＝SUZUKI RUGBY「友情と尊敬」（スズキスポーツ）2015年12月

ひたむきに守る。

落語家の故・立川談志が、ずいぶん前、『スポーツ・ヤァ！』という雑誌でこう語った。

「文明は滅びるが文化は滅びない」

対談の相手は、巨漢プロレスラーの高山善廣、本誌読者には、かつて東海大学付属相模高校ラグビー部の長身FWと紹介すべきだろう。

談志の発言の要旨を記憶を頼りに述べれば、当時人気の総合格闘技は「文明」であり、かたやプロレスは「文化」だから、あんたはプロレスラーでよかったな…である。一読、小膝を打った。その通りと。

11月3日は文化の日。

「自由と平和を愛し、文化をすすめる」が定義だ。

当然、ラグビーは文化である。ゆえになくならない。ただし、それは放置しておいても消えぬという意味とは異なる、文化はそれを守る「ひたむきさ」なしには薄れてしまう。

先日、迷ったが解説席でマイクロフォンに語ってしまった。

関東大学対抗戦、明治大学と筑波大学の好試合が、前者の勝利に終わった直後だった。たまたまモニター画面に勝者たる主将と副将が相手の監督のもとへ向かい、手を差し出して挨拶する場面が映った。同時に敗者も同じふるまいをしている。

「違和感があります。大学生は大人なのだから」

感じが悪いかな。でも、そう思うのだ。以前も書いたが、礼節は観衆やテレビカメラのない場所でそっと行えばよい。終了直後のグラウンド上（と、その周辺）では、ことに敗者には、感情に従って悔しがり、茫然の沼に精神を沈めて、その場を愛想なく走り去る「自由」がある。この人なしにゲームの成り立たぬレフリーに感謝の握手、それで十分だ。シャワーを浴び、ブレザーに着替え、そこから先、紳士淑女であればよい。ラグビーの文化とは「みんな、よい子であれ」という同調圧力に媚びることではない。

他方、勝者の傲慢は排除されるべきだ。昨今流行、あらかじめ用意された揃いの栄冠Tシャツをまとう（クラブの私的な会合で着るなら素敵だ）風潮にはまさに違和感を覚えてしまう。凱歌は柱の陰で絶唱するのがラグビーだ。ただし勝利直後に歓喜を素直に表わす自由は認められなくてはならない。

観客文化も守りたい。こちらは「平和」と関連してくる。

過日、北海道・十勝のラグビーを愛する人から便りをもらった。いわく。あのジャパンの南アフリカ戦、結果と内容はもちろん、テレビ画面のとらえるスタジアムの雰囲気にこそ感動した。両国の応援が席を隔てることなく溶け合う。それぞれの人のそれぞれの応援の流儀がしだいに興奮へ統合されていく。日本開催のバレーボールのような演出された「一色」ではなかった…。

ラグビーに応援席はない。ここはぜひ尊重しよう。ウソでなく血の匂いが漂い、骨きしみ、フェアネスの範疇であれば容赦なく痛みつけ合うような激しい競技の平和を守るのは観客席の文化でもあるのだから。

トップリーグで、それぞれの会社の社員が固まって席を占めて声援したい。人情だ。チケットもそういうふうに確保する。わざわざバラバラになることもない。一線を引くとすれば、強引に誘導はしないというところ、そして、もし近隣に相手のファンが自由を行使してやってきても排除（精神的にも）しないことだ。もともとラグビーとはそうなのだから。もとより大学ラグビーに各校ファンを隔てる席はいらない。

10月9日、関東対抗戦Bグループの一橋大学と上智大学の対抗戦を東京の国立（こくりつにあらず）のグラウンドに見た。43―12。一橋の堅牢なモール、的確なブレイクダウン、粘り強い防御意識の勝利だった。

右PR熊谷康介の東芝をほうふつとさせる抱え込み窒息のチョークタックルは「秀才界に怪力出現」のおもむきがあった。SO玉代勢光熙のパスの差配には「リトル大田尾（ヤマハ）」のイメージもかさなる。

そして上智の主将、剛柔備えたナンバー8、渡辺憲生の奮闘と態度にラグビー文化を確かめられた。不利にも紳士たらんとする理性を闘争心と両立させ、活路を探索、しきりに仲間を鼓舞する。そこに古今東西のキャプテンの像が浮かんだ。

コーチングの最新潮流マニュアルが文明なら、古典的キャプテンシーは文化である。

慶應ラグビーの往時の中心人物、田邊九万三を偲ぶ60年前の追悼文集にこんなタイトルが見つかる。

「ラグビー精神の番人」

早稲田OB、本領信治郎が寄稿している。「そもそもラグビーは」が故人の口ぐせ。その要諦は「進歩のために現実に妥協しない」。もどかしいほどの誠実。文化はこうして保たれるのである。

初出＝『ラグビーマガジン』２０１６年12月号（ベースボール・マガジン社）

## 悲しくて優しくて美しい。

悲しみゆえの喜びを寒波が際立たせた。福岡のレベルファイブスタジアム。優勝とも降格とも無縁のトップリーグ最終節、宗像サニックスブルースとNECグリーンロケッツがぶつかった。「消化試合」とされかねない対戦は冬の熱を帯びた。

悲嘆、歓喜、安堵。さらに、すぐあとの深い深い悔やみは、冷気に溶けて吐き出され、もういっぺん吸い込まれた。喜怒哀楽に収まらぬ感情がそこにはあった。

サニックス。26対24。まさに薄氷の勝利。まるで初優勝のファイナルのごとく濃淡ブルーのジャージィが跳ね、抱き合った。

試合開始前。J SPORTSの解説の参考に、ウォームアップ前の宗像サニックス陣営を訪ねた。

藤井雄一郎監督の目が赤い。

「びっくりしました」

そんな言葉しかかけられない。

数日前、驚きの訃報。

「宗政伸一氏（むねまさ・しんいち＝サニックス社長）7日、出張先の東京都内のホテルで死去、67歳」（時事通信）

突然だった。今季大奮闘のブルースにとって親会社のトップの死にとどまらない。クラブの創設者であり、柱であり無限の理解者であり、ただただ純粋なラグビー人でもあった。現在の日本代表のヘッドコーチ、オールブラックスのジェイミー・ジョセフをプロ化の先駆として招き、かたや雨に負けぬ雑草に水をやっては展開スタイルへと開花させた。他チームでは戦力外の蹉跌組も臨時雇いの水道局員も元自衛官でも、懐深く迎え、容赦なく鍛え、有名ひしめく相手にも伍す。そのための土を供して耕した。

17年前、創業者利益を投じて実現させた一大施設、グローバル・アリーナにおける「サニックス・ワールド・ユース交流大会」が、どれほど国内外の少年に未来に消えぬ記憶を与えたことだろうか。

NEC戦前、藤井監督の短い一言が返ってきた。

「気合い、入ってますよ」

この不屈の指導者もニコニコドー廃部後に再起の機会をここに得た。華麗なる経歴を有さぬ才能と個性を故人は見抜いていた。

レベルファイブスタジアム。朝方には雪もちらついた寒空にそれでも集った観衆「19

74」は、あえて述べよう、やはり幸福だった。
サニックスの攻守をまさに気合いの鎧が包んだ。ほぼキックを封印、培ったスタイルを貫き、前へ前へ、複数のタックルは途切れない。トライを許しても、インゴールには体とボールに最後まで食らいつくブルースメンがいた。

グリーンロケッツも立派だ。

おそるべき闘争心で向かってくる青き群れのオーラにあおられ、後半9分まで10―26のリードを許しながらも、しっかり体は張り、ますます充実の10番、田村優の心憎いキックやパスを軸に追い上げる。

残り15分、とうとう24―26と差を詰めた。攻めるNEC、守るサニックス、緊張の時間は進んだ。ほどなく終了のホーンは響くはずだ。ブルースは自陣奥のピンチをしのぐや深くキック、自慢のフィットネスでチェイスを貫徹、倒して粘って終わらせたい。しかし飛球をつかんだ田村が鋭いランでゲイン、さらなる危機は訪れる。ぎりぎり防ぎ、また長いキック、こんどもNECとジャパンの誇るSOが捕る。時間はない。走るか。いやパントを蹴った。

解説席で「田村優、ちょっぴり優しい」と声に出さぬが思った。もちろん高さも軌道も見事、ただでくれてやったわけではない。サニックスが確保。逃げ切れるか。なんとラックの球出しでエラー。NEC、逆転のライン上へと迫る。守る側の反則。ホーンは鳴り、田村がＰＧを狙う。右中間の難儀ではない距離。そこまで文句なし、３Ｇ、１ＰＧの調子なら外すまい。恩人のスピリットに報いようと、これほどの気迫でぶつかっても勝利につれなくされるのか。大漁旗揺れるスタジアムに虚しさは漂う…。

直後、喜怒哀楽に収まらぬ感情を見た。もう筆力は追いつかぬ。だから、この先はフィクションである。

外してはならぬと誓う者が、外せたらよいのにという無意識レベルの心で蹴ると、わずかに右へそれた。

続く試合のため放送ブースにとどまらなくてはならず、田村その人を取材できなかった。できても聞くつもりはなかった。

ここからノンフィクション。

田村優は、ただ外した。

サニックスのロビンス ブライスとコーチのハレ・マキリが、タッチラインの外で上半身裸になって哀悼のハカを舞った。ブルースのソウル（魂）、田村衛土主将の顔がたまらず崩れる。新しい年、これより美しい光景を目にする自信はない。

初出＝『ラグビーマガジン』２０１７年３月号（ベースボール・マガジン社）

## その人だけの髪

コーンロウ。編み上げのヘアスタイルのひとつである。日本代表の共同主将、堀江翔太のそれが「品位を欠く」として、日本協会が「髪型や服装のガイドラインを設ける検討を始める」と報じられた。本稿筆者も新聞社の社会部記者から電話取材を受けて以下のように答えた。

「代表選手には『位高き者務め多し』の精神は必要だ。しかし髪型はそこに含まれない」

もう少し説明したい。前提として、国際統括機関、ワールドラグビーの憲章のひとつに「品位」は掲げられている。ただし、それは「姿かたち」を対象とはしない。フェアプレー、友情の尊重、といった心構えにとどまる。日本協会がもし「姿かたち」を独自の解釈で含めるとしたらずいぶん大胆な方針ということになる。国際的には相当な説明を要するだろう。

なぜ、堀江翔太のヘアスタイルは問われるべきでないのか。日本代表だからだ。ジャパンは日本列島でラグビーを好むすべての人間の代表である。だからこそ多様な価値を認めなくてはならない。ある人は「黒髪で短髪でないと品位がない」と考える。別の人は「髪型は自由であるべきだ」と思う。その場合は後者が優先される。なぜなら「自由」だからだ。なにも「コーンロウにするべきだ」と主張しているわけではない。全ラグビー人のなかで嗜好が対立するなら「個人にゆだねる」ほかはない。

高校や大学のラグビー部が「部員は髪を染めるべからず」と決めるのは許容される。プライベートなチームだからだ。筆者も、早稲田大学コーチ時代には「茶髪にしない」という部の方針を支持した。特定のクラブのある年度の監督や主将が方針を掲げるのはまさに自由なのである。もし「そんな規則は自主独立を標榜する本学のクラブにふさわしくない」という意見の部員が頼もしくも出現すれば、その場で、議論すればよい。

ある会社のある営業部が「仕事では白のシャツとネクタイと黒靴を」と定める。これも自由だ。「いまの時代、水色のシャツに茶の靴もフォーマルだ」と異を唱える若手社員が出現したら上司ととことん話し合う。それは社会生活の一部である。しかし何万人規模の会社が全体として強制すると、少し、こわい。ここは部や課の単位にとどめるべきだ。まして、もっと大きな力、それこそ政府が「国民ひとりひとりの姿かたち」に言及すれば暗黒社会の到来である。「いくらなんでも、そんなことまで」と感じるだろうが、過去にも現在にもそんな国ならある。こわばった権力の嗜好は実質の強制に近づく。

高校野球の「丸刈り」も、形式的には、連盟の規定、すなわち強制ではない。しかし現実には同調圧力が全国の指導者と球児を覆っている。おかげで「髪型を自分で選びたい」少年がずいぶん高校入学後にラグビーに転じて、あれはありがたかった。

繰り返す。日本代表は日本列島のすべてのラグビー人の価値を引き受けなくてはならない。「公」だからこそ寛容でなくてはならない。レフェリーを敬う。これは共通だろう。「レフェリーなんて敬うべきでなし」という価値観は仮にかすかに存在しても無視してよい。でも選手のヘアスタイルの評価を協会の誰かが決めるのは無理だ。近い将来、サンウルブズのモップ頭のヴィリー・ブリッツが、ジャパンに呼ばれることにでもなり「ライオンのたてがみのようなヘアスタイルは品位に欠ける」と協会が断髪を命じたり、短髪を代表入りの条件としたら、海外メディアがただちに伝え、担当者は、相当に練った弁解のコメントを発しなくてはならない。「ヴィリーのヘアを守れ」キャンペーンはＳＮＳで全世界に拡散するだろう。

高校などの現場の指導者が、経験において「おとなしいヘアスタイルの子のほうが頑張る」と実感しているとすれば「自分のチーム」をそう導けばよい。「姿かたちとラグビーの関連」について部員の意見に耳を傾け、監督・コーチとして、なお説得していく。こうしたやりとりは真剣勝負のスポーツならではの知的行動のひとつである。しかし、競技の統括団体のような大きな単位で「姿かたち」に言及するのは、ひとりずつの選手や指導者の思考の深みを阻んでしまう。スポーツの自由を損ねる。あってはならない。

最後に。堀江翔太は大阪の公立中学時代、バスケットボール部員だった。当時の男子はシューズの内側にソックスを折り込んで隠した。流行だったのだ。だが、堀江少年は旧式のハイソックスで通した。「頼むから靴下隠してくれ。かっこ悪いから」。まわりが頼んでも変わらない。「俺には自分のスタイルがある。好きにさせてくれ」。当時のチーム仲間に聞いた実話である。

初出＝SUZUKI RUGBY「友情と尊敬」（スズキスポーツ）2017年8月

## どうぞルーマニア語で。

笑顔には至らぬも微笑ならした。もしかしたら健康になった。

6月10日。熊本・えがお健康スタジアムの記者会見場。ルーマニアのキャプテン、岩が坂道を転がるようなランで鳴るナンバー8、ミハイ・マコヴェイが英語で冒頭に言った。

「試合で疲れていますのでルーマニア語でお話しします」

22―33でジャパンに負けた。そもそもが長距離移動の遠征である。ずいぶん暑く、やけに蒸す。しかも胸に桜の赤白ジャージィはせわしなく攻めてきて、なかなか休む時間を与えてくれなかった。さぞや消耗しているだろう。どうぞ誇り高き母国語で。そんな気持ちにさせられて、ノートを取る口元はほころんだ。

「厳しい環境でスピードのある相手にどう対処するかを学びました」

ルーマニア語→英語→日本語の順に訳される。もどかしい。だからよい。国際試合って、そういうものじゃないのか。

ラグビー界は英語が支配する。もともとそうだ。ただ近年はいっそう「イングリッシュ至上」の傾向は強まる。２００９年10月、東京で行われたブレディスロー・カップを思い出す。オールブラックスとワラビーズのぶつかる伝統の対抗マッチである。

試合の週、いくつかの会見があった。日本の記者が質問すると通訳がはさまる。これが主催者やジャーナリストといった両国の関係者にはまどろこしそうだ。「日本語で聞くのは最後にまとめて」。そんな指示もあったと記憶している。

あ。これがラグビーの雰囲気だ。そう感じて後ろ向きになった。

仮に当事者に「英語のできぬ者は無用なのですか」と問えば、プラスチックのスマイルをこしらえて「とんでもない。あくまでも円滑な進行のための整理です」と日本国の財務官僚みたいに答えたに違いない。でも本心は「英語を解さないのになぜここに」。そこが国際スポーツとしてのラグビーの限界にも思えた。サッカー界も主流の言語は英語だ。ただ「便宜的に」という雰囲気はどこかに漂う。英語圏の国がワールドカップ（W杯）で長く実績を残していないので、その言葉も「道具」にとどまる。

ラグビーW杯の非英語国としてはフランスやアルゼンチンが気を吐いてきた。ただし優勝には届いていない。過去に2大会を制した南アフリカの大半の選手の第一言語はアフリカーンスという変形オランダ語なのだが、近年はみな英語をうまく使いこなす（米国人の俳優がドイツのスパイを演じながら英語でセリフを語るのに抑揚が似ている）。

ちなみに、ウェールズの誇る往年の名ＳＨ、オールタイム・ベストの最有力であるガレス・エドワーズは1970年前後のスプリングボクスについてこう述べている。

「（遠征先で）彼らは自分たちだけでかたまっていることが多かった。社交ぎらいにしている理由はやはり英語で話すのは気が進まないということであった」（『ガレス・エドワーズ自伝』）

当時はそうだったのだ。

グローバリゼーションとテクノロジーの進歩が英語をいよいよ王様に押し上げた。日本の選手や指導者やレフェリーも、イングリッシュ・スピーカーをめざしたほうが、強国のクラブへの移籍やトップ級の機会を得られる。それはそれで努力に値する。

1969年からNZ単身修行、同国のトップ級WTBに遇された関西協会の坂田好弘会長が、当時のジャパンを率いた大西鐵之祐監督について、こう話すのを聞いた。

「もし、あの時代、大西さんがオールブラックスの監督をされていたら無敵ですわ。無敵や思いますね」

若き日、戦争ではなく留学で海外へ出て英会話を身につけていたら。なんて想像してしまう。

日本列島にひそむ高校の名将が、オークランドの学校で成績が真ん中の生徒くらいにはしゃべれるなら、海外のハイスクールを率いて旋風を巻き起こすかもしれない。

ただし「選ぶ側」が気をつけなくてはならないのは、英語の不得手な優れた人材を逃がさないことだ。

前記三者などの選考でも「べらべらの秀才」よりも「べらべらでない天才」を優先すべきだ。

よくコーチが「コミットする」と言う。わかるようでわからない。古い『オックスフォード英英辞典』を引くと「罪を犯す。委任する。責任を持つ。誓う」など複数の意味がある。「やり切る」という日本語ではいけないのか。

昔、東京は下町の草の根クラブの有志から「外来語の氾濫」を嘆くハガキを戴いた。こうあった。

「オフロード。我々は、ずらし抜きと呼んでおります」

初出＝『ラグビーマガジン』２０１７年８月号（ベースボール・マガジン社）

## 前傾下からつなぎ

一時期、早稲田大学ラグビー部のグラウンドに謎の響きが連続した。

トッ。トッ！　トッ、意識！

地面に倒れる。ただちに起きる。そのことを意味していた。

トッ。ひとりのフッカーの名、いや愛称に由来する。名字に続けてトッと呼ばれた九州出身の部員は、タックルしてもされても、いつでも、即、起きて、もうどこかへ向けて駆け出した。やがて後輩たちの畏敬の念が、クラブのいわば「符丁」へと昇華する。いつか南アフリカの一級コーチが交流のため指導にあたり、「トッ」の連呼に反応、ゆえんを聞かされ、「プレーの質を人名で表すとは見事な発想」と心動いたらしい。

トッは、いま多くのチームで「リロード」と称される。撃ち終えて、弾をもういっぺんこめる。訳はそうなる。現代ラグビーにおける重要な要素である。強いチームはここの領域を譲らない。また弱者、この言葉がふさわしくないのなら、挑戦者にとっては抵抗の手段でもある。弾を正確に打つのは才能でも、すぐこめるのは意識の高さがあれば可能だからだ。

「オフロード」という用語は、すっかり、なじみとなった。直訳では「負荷を解き放つ」。オーストラリアでラグビーを学んだ知人に聞くと、イメージとしては「飛行機の上の棚から荷物をポッと降ろす感じ」。グラウンドでの意味は、タックルを浴びて、あるいは誘い込んで、自身が倒れるまでにサポートに短くつなぐことだ。

ざっと15年ほど前、本稿筆者がコラムを書いている新聞の編集局宛に読者からのありがたい便りが届いた。東京都内で草の根ラグビーを楽しむ有志からだった。「昨今のラグビーにおける外来語多用は目に余る」という内容がユーモアをたたえた筆致で記されていた。「このところ出現のオフロード。我々は『ずらし抜き』と呼んでおります」

いいなあ。ずらし抜き。そして思った。1960年から70年代前半、すでに日本式オフロードを自在にこなした名手がいたことを。

ジャパンの元主将にしてCTB、横井章その人である。高校時代は大阪府立大手前高校のバスケットボール部、早稲田入学後、初心者として、同ラグビー部に伝わる「接近」を身につけた。浅く立ち、自分へのパスが放たれるまでは走り出さず、ボールが宙に飛ぶや、その軌道をいかしたり、さえぎったりしながらコースを変えて、マーク役を惑わせ、タックルに接近、裏をとる。高校での経験がない分、理屈をそのまま理屈として体現、バスケット出身ゆえか、防御の相手にさわられるかさわられないかスレスレのところで、もうひとつ判断できた。頭を下げるのではなく膝を折り、鍛え上げた肩を前面に身を前に倒し、両手の自由を確保、思わぬタイミングからパスを繰り出す。

あの「横井式」をオフロードとくくると、やはり印象が違う。仮称を許してもらえるなら「前傾下からつなぎ」といったところ。たくましい体格と俊敏なステップでタックルの衝撃を吸収する現在の方法とは異なり、パスを受ける前のコース取りで先手を奪い、タックルの構えより早く懐に飛び込み、ぶつかる、いや触れると同時にボールを操る。こうした正真正銘のオリジナルな技術は一般の定義、用語には収まらない。

このところよく耳にするのが「ポッド（pod）」。試合のフィールドを縦にいくつかに仮想分割して、セットプレーがほどかれると、それぞれのゾーンにあらかじめ決められた人員が散って、計画的に攻める。アスリートのナンバー8をタッチライン際に置き、働き者の前5人は中央部に残って、これも近年の用語である「コリジョン（衝突）」にせっせと励むような戦い方である。上からとらえると、一例で「1―3―3―1」というように8人のFWが並ぶ。

ポッド襲来の当初、辞書を引き、「豆などのサヤ」とあったので、なるほど狭いところに人が並んで、そんな感じだと、つい解説でそう話した。これまたありがたいことにニュージーランドのコーチングに造詣の深い知人から、やんわりと間違いだと教えられた。「あれはイルカなどの海水生物の小さな群れのことです。本場のコーチが直接話したので間違いありません」。そうか。確かに何番目かにその意味もあった。

日本国内でもポッドは広まった。トップリーグのヤマハは、このシステムを独自のものとして、FW前5人の運動量を制御、体力を浪費させず、身上であるスクラムの猛威へと結びつけた。ただし、高校や大学の戦力の限られたチームまでが採用している例を目にすると、これは強豪をやっつけるには至らないかなあ、とも、しばしば感じる。SHの体力や技術、SOの判断力が求められ、FWに数名のアスレティックな人材を得ないと貫徹は難しそうだ。

才能のリクルートのままならぬ国内の多くのチームは、きっと、イルカよりも小さな魚の研究をしたほうがよい。これまた外来のラグビー用語である「トラフィック（渋滞＝防御に人のひしめく状況）」をすり抜けるのは小型車のはずである。「前傾下からつなぎ」も有効かもしれない。

初出＝J SPORTS「be rugby ～ラグビーであれ～」2018年4月9日

## 反抗をも愛す

ひとまず言い切ろう。勝負が先である。そうでないと迫力に欠ける。そのうえで思う。大学ラグビー部の指導者はクラブの目標を以下のごとく掲げるべきだ。

「いちばんレギュラーから遠いところにあえでいた部員が、卒業して、社会に出て、ああ、あのクラブにいてよかった、と思えること」

四半世紀ほど前、早稲田大学ラグビー部に「Jリーガー」という言い回しが流布した。もっぱら自嘲に用いられた。Aから数えて10番目。10軍という意味だ。原則、大半が一般試験で入学、ラグビー人気はまだ高く、くる者拒まず、去る者追わず、が原則だったから、部員数はふくらんだ。ポジションによっては「J」も存在した。

たとえば、どの大学でも、そんなJリーガーが、やはり、ここでラグビーに浸る学生生活を送ってよかった、と心に刻んで社会へ飛び立つ。そういうチーム、クラブにする。

日本大学アメリカンフットボール部の不正なタックル指示と実行によって、しだいに明らかとされたのは「大学日本一」と両輪をなすはずの「光は当たらなかったが、このクラブに入ってよかった」と思えるだけの愛情や環境の欠落である。

学生スポーツの監督、コーチに求められる条件は「自分のクラブの門を叩いた若者への愛情を自然に抱く資質」である。そもそも部員に悪意があるはずもない。それぞれの性格があり生育の過程があり、体格や資質がある。うまい者、うまくない者が混在する。その段階で「あいつはダメ。あいつは好きじゃない」などと感情的になるようならスポーツ指導の道に入ってはいけない。

勝負に打って出るのだから「よい人間、でも、あまり上手ではない」部員ばかりをレギュラーに選んだら試合に負ける。セレクションは淡々と実力を優先、そこに「おそろしくまじめ」や「ものすごく賢い」や「むやみに気が強い」などの異彩にして異才を配する。相手の嫌がる個性をうまいこと起用する。選手選考に同情は禁物だ。あくまでも乾いて熱く。あいつは、私にやけに素直でかわいい、なんて湿り気はもってのほかだ。戦法や練習法も、学生の声に耳を傾けながら、最初と最後は指導者が責任をもって決める。

そして冷徹に選び、決定するからこそ、ひとりずつの青春の歓喜の機会をもたらしたり奪ったりできるからこそ、ひとりずつの青春、ひとつずつの尊厳を大事にする。それがコーチだ。

部員は、レギュラー選手や練習法を決められない。反対から考えると、そこについては従わないと闘争集団が成り立たないのだから、変な話、かえって安心して、年長の監督にも、上級生にも自由闊達に意見を表明して構わない。そのほうがクラブはいきいきする。そうであるためには指導者が「そこにいる人間」を根底で信じ、繰り返しだが、愛さなくてはならない。自分に疑問をぶつけてくる部員は宝石なのだ。現体制の日本大学アメリカンフットボール部にきわめて薄かった雰囲気と想像できる。

ラグビーという枠を超えて、気がかりなのは、昨年、ある高校教員に聞いた話だ。いわく「大学入試にさまざまな推薦方式が増え、筆記試験のみの合否判定はどんどん減った」。するとどうなるか。「先生に従順な生徒ばかりになる」。異議申し立ては推薦の敵である。評定にキズがつく。若者らしいレジスタンスの芽は摘まれる。テストで点を取れば反抗歴を問わず。こちらも保たれないと社会が細くなる。

監督が、ただ相手を負傷させるために露骨な反則をしろ、と仮に命じたら、新入生であっても「それはおかしい」と抗議する。この当たり前が認められるには、クラブの培う文化が前提となる。もとよりフェアネスの文化があれば、そんな人物は監督にならない。もうひとつ広く学校教育も、上の人、もっと述べるなら校則のようなルールすら、フェアネスの観点でいつも正しいとは限らない、という常識を少年少女に伝え、異議アリを寛容しなくてはならない。校長に「あなたは間違っている」と唱えた硬骨をどしどし大学に推してほしい。

さて冒頭の「勝負が先」。ただ、全部員が、みな、いつでも快適であるクラブには、本物の青春の喜びはない。高い頂をめざす。厳しい鍛錬、倫理を貫く。つらい時間もある。無情のレギュラー落ちにもさらされる。そうした闘争集団に身を浸し、実力を問われ続けるから、感受性は研がれ、あとから、仮に「J」でも「ここでよかった」と、じんわり、わかるのだ。

初出＝「RUGBY REPUBLIC　ラグビー共和国」（ベースボール・マガジン社）２０１８年5月31日

## 退場より出場停止を。

スーパーラグビーのサンウルブズとワラターズの一戦、あの出来事にサッカーのハンドが重なった。

ゴール前のペナルティーエリアにおいて、丸い球が弾んだり、誰かのシュートが誰かの尻にでもぶつかり角度を変える。そいつが守る側の誰かの引っ込めた腕に当たる。いや触れる。いやいや。ちょっと皮膚をかすめる。それでPKは宣告される。

かわいそうだ。よく思う。

なにも枠に飛んだシュートを手ではたき落としたわけではない。人間より速く動いた球体をよけられなかっただけのようにも映る。腕は脚より脳に近いから速く反応してしまう。そんなイメージもわく。いかにも罪と罰のバランスが悪い。

そこでラグビー。シドニーへ乗り込んだサンウルブズは、ワラビーズ経験者がこれでもかと並ぶワラターズに善戦できていた。

前半33分過ぎまでは18−12とリードする。ワラターズの重厚で巧妙なアタックを阻むのは簡単でなさそうだが、こちら愛称ウルブズが攻めると、なんというのか、まあ、普通に通じる。地力がついた。

しかし、18―19の同38分45秒、ウルブズの14番、セミシ・マシレワがトライをさせまいと、ワラターズの10番、バーナード・フォーリーにタックルを仕掛ける。結局、つながれてインゴールを明け渡すのだが、レフェリーのアルゼンチン人、フェデリコ・アンセルミは、直前の一撃にレッドカードを科した。

当該場面、フォーリーの上体がはね上がり、肩と側頭のあたりから芝にぶつかった。結果が「抱えて頭から落とした」のだから退場に相当する、と、審判は映像を確認後、ルール通達に従った。14人対15人の試合はみるみる崩れて、最終スコアは25―77まで開いた。

フォーリーは直前のループ（この日、ワラターズのここの仕掛けは実に有効だった）でパスの直後にまたパスをもらった。そこで一連の流れにアクセントがつき、縦方向に抜けて、ランのコースは変化する。

フィジーのタベウニ島出身、マシレワはコーナーに体を向けてカバーに走っていたので、かすかに、ほんのかすかに追い越すような体勢となった。地元シドニー育ちのフォーリーは、古今東西のあらゆるコーチの叫びを忠実に遂行した。

「ボールは両手。まっすぐ走れ」

10本の指で楕円の球をつかんでパスの寸前までゴールラインへ垂直に突っかけた。まるで教科書だ。

衝突。内から外へ追ったはずなのに、現象として、タッチライン方向からタックルの右肩は当たった。つまり、そもそもマシレリの体がねじれていた。相手の走路が想定とずれたため会心のヒットに至らず、力が弱い分、ばったり倒せず、ひねりのエネルギーに負けて、ボール保持者の全身は浮いた。

と、長く活字で描写をしたのは、極刑に相当とされる行為にだって、やむをえぬ、とまでは書けないけれど、さまざまな「事情」がある。サッカーにたとえると、わざと手を用いたのではない。

もちろん選手の健康がファーストであるから「頭から落ちた＝落とした者の罪」の方針は間違ってはいない。ただ流れや意図の有無を一切くまぬ退場は、ゲームそのものをあっけなく壊してしまう。観客のチケットの価値、視聴者の楽しみを一瞬にして奪う。なにより退場させられなかった側も含む選手の（同じ条件で戦い抜く）喜びが失われる。

そこで、このところ、オールブラックスのスティーブ・ハンセン監督など現場の指導者からも唱えられる「まずリポート」案に本稿も賛成したい。言い換えると「退場より次回の出場停止を」である。

マシレワのケースにはひとまずイエローカードで対処、後刻、しかるべき機関に報告、判断をゆだねる。「重罪」であるなら一定期間の出場停止、仮に「微罪」ならそこでおしまいとすればよい。

6月のテストマッチ、フランスのベンジャミン・フォールは開始11分強、オールブラックスのボーデン・バレットと空中戦を競り合い、後者は背中と頭を下に落ち、前者に赤いカードはかざされた。ふたりとも宙のボールを見ていた。

後日、退場処分は統括機関のワールドラグビーによってキャンセルされた。でも安くはない入場券をせっかく手に入れたファンの時間は戻らない。

「人はそもそも悪事を働かない」

それこそはラグビー文化を支える美徳と信じる。現代の試合にどうしても危険がつきまとうなら、つい起きてしまう事態への厳罰では解決しない。一例、ジャンプしての捕球は認めないというように競技ルールを改めてでも、人間に対する寛容を貫くべきだ。

初出＝『ラグビーマガジン』2018年9月号（ベースボール・マガジン社）

## 罪と罰

キース・マードックの最後の日々がここにきて報じられた。奮闘しているのはオーストラリア・パースのサンデー・タイムズ紙のトニー・バラス記者である。なぜ、かの地のジャーナリストがこのことに強いのかは後述する。

かつてのオールブラックスの小さな山のようなプロップ、マードックは、本年2月27日、74歳で死んだ。同3月30日、ようやく、その事実は明らかとなる。元代表選手だからラグビーの盛んな国の新聞各紙に訃報は流れる。ただ、そのスペースはいかにも巨大で、ほとんど歴史上の人物のようでもあった。見出しには「ミステリアス」の綴りがあった。

1972年12月2日。オールブラックスは、敵地カーディフで、ウェールズと対戦、19－16で勝利する。マードックが唯一のトライを挙げた。選手名鑑をひもとくと「183㎝、110㎏」。「胸囲122㎝」の記述もある。

アマチュア時代として格別な体格である。同夜の交歓会後、競技場のすぐそばのエンジェル・ホテルで、この大男はトラブルを起こす。空腹のためキッチンに忍び入り、警備担当者ともめて、どうやら殴った。

いまから思えば、ここが問題なのだが、オールブラックスの首脳陣は、英国の協会、なによりロンドンのメディアからの圧力に過剰に反応する。事実の精査よりも先、出来事の2日後にマードックの「本国送還」を決めた。天国から地獄。テストマッチのヒーローは、単身、シドニー経由で母国のオークランドへ帰る。帰るはずだった。

だが、マードックはそうしなかった。フライトを変更、シンガポールで降り、オーストラリア・ダーウィン行きに乗り換える。以来、死の瞬間まで、荒涼で広大な「アウトバック」と呼ばれる内陸部、さらに晩年を過ごした西オーストラリアに巨体は消える。このとき29歳。ラグビー仲間との連絡を一切断ち、そのまま故郷から離れ、季節労働、鉄道工事などの糧で孤独を貫いた。

ここまではよく知られている。このほど冒頭の新聞が、地域のメディアとして、晩年を過ごしたカーナーボーンという町（パースから900㎞北）の酒場の友を取材、静かで、過去を明かそうとしなかった男の輪郭が明らかとなった。電気工事技術者のディーン・パリーは、マードックと、しばしば、ガスコイン・ホテルでビールを飲み交わした。往時の怪力プロップは「XXXX（フォーエックス）ゴールド」が好みで3缶か4缶を胃袋へ収めた。

53歳のパリーは「この10年の最良の友」であり、死を覚悟したマードックから「近親者」に指名された。それなのに「彼がニュージーランド人ということすら知らなかった」。

いつかパブでオールブラックスの試合をテレビ観戦していると、おのれを語らぬ男が、いっぺんだけ「俺は、昔、ラグビーをやってた」とつぶやいた。パリーは「たぶんワールドカップの決勝だったと思うが、正直、覚えていない」と話した。

バラス記者は書く。「カーナーボーンの町では、ひとりとしてマードックの秘密を知らない。ただ店の隅に座り、黙っている大男のキースだ」。上下とも青の作業服で、タバコを吸わないのに、よく外の喫煙ベンチに腰かけて、信号の灯りをじっと見つめていた。

オールブラックスであっても金銭の報酬のなかった時代、たった一夜のトラブルで、ほとんど世を捨てた。奇人の奇行なのか。違う。瞬間の粗野。終わりなき潔癖。罪と罰はいかにも不均衡だ。その人生のアンバランスに黒のジャージィをまとった者の誇りはにじむ。と、書いて、現在ならどうか、と考えてしまう。レベルズでのアマナキ・レレイ・マフィのケースも広く世界に流れた。執筆時にニュージーランドの司法判断は不明だ。ただ、すべてのプロフェッショナル選手にキース・マードックについて知ってほしいとは思う。

初出＝「RUGBY REPUBLIC　ラグビー共和国」（ベースボール・マガジン社）２０１８年7月27日

## 怒りの心得。

怒る楽しみ。英語ではジョイ・オブ・アンガー。好きな文章のタイトルだ。ニューヨーク・タイムズ紙の元コラムニスト、ラッセル・ベイカーが書いた。1982年9月5日に掲載。その6年後に邦訳された作品集『怒る楽しみ』（新庄哲夫訳）に収録され、それを買って読んだ。

ベイカーは、航空会社のカウンターでオーバーブッキングの仕打ちを受けて、理不尽にも搭乗を拒まれ、ただちに抗議する。「私は怒鳴りちらしている自分にびっくりした」。震える手。わななく声。しかし担当の職員は「私の激怒ぶりを無視する」。ロビーで待たされながら自省してみた。「いかに怒るべきか、少しも心得ていないな」。

なるほど、ほどよく効果的に怒るのは難しい。「私たちに必要なのは、『いかに愛するか』についての新しい本ではなく、『いかに怒るか』についての簡単明快な忠告である」。

最近のニュース、ジャパンのナンバー8、アマナキ・レレィ・マフィのレベルズの同僚へのバイオレンスも怒りの問題である。司法の判断とは別に、愛されるはずの男、愛称ナキは「いかに怒るか」を身につけなくてはならない。

怒りは自然な感情だ。青春時代の思い出である『ラグビーマガジン』の詰まった段ボール箱を、おせっかいな家の人が「古紙回収に出しておいたよ。部屋、広くなったでしょ」と口笛でも吹く調子で言ったら少しくらい怒ってよい。誰も何に対しても怒らなかったら世に悪政や腐敗、忖度という名の強制ははびこる。

だから、いかに怒るか。

アマナキ・レレィ・マフィの件が世界規模で大きく報じられてから、ふたりのラグビー関係者が同じ言葉を本稿筆者に発した。

「優しいのになあ」

両者とも本人をよく知る。本当にそうなのだ。他方で事実において怒りの暴走はあった。以下、活力満々の背番号8の償いを前提に、胸の奥で再起の機会を願いつつ、一般論で怒りを考えたい。

まずアルコール。酒を飲むと情緒を抑制できなくなるなら自身で禁ずるほかはない。

この8月9日、『Murdoch: The All Black Who Never Returned』という書物が発売された。ロン・パレンスキーというNZのベテラン記者が、あのキース・マードックの事件と人生を描いた。1972年12月2日、カーディフでオールブラックスはウェールズを19－16で破った。オタゴ出身の29歳のプロップ、トライを決めたマードックは同夜、滞在ホテルで飲食を求めてキッチンへ向かい、警備員にパンチを繰り出したとされた。本国へ送還。だが経由地のシンガポールで降り、オーストラリア・ダーウィンへ。そのまま「アウトバック」と呼ばれる内陸に消え、以後、本年2月の死まで世を捨てるように沈黙を守った。

前掲書にマードックについてのこんな記述がある。

「彼はチームの仲間に畏敬されていた。その強さ、寛大さ、親切心、荒っぽいユーモアによって。彼のダークサイドは過度の飲酒によってもたらされた」

簡単に酔うわけではない。酒乱とは異なる。ただ気持ちの行き来はどうしても激しくなった。

もうひとつ。インスタントにして過剰な怒りの背景には「私を認めてくれない」という自己評価が潜んでいる気がする。

裏返して考えてみると、ラグビー選手は簡単に怒らなくてよい。無名チーム所属の不器用な部員だろうと楽でありえぬ競技にまじめに取り組めば、必ず、どこかで誰かが認めてくれる。「あなたは、あなたらしくチームの一部である」と。

日本列島の大半のチームは潤沢な数の部員を抱えていない。必要のない人間はひとりも存在しない。まれなる大所帯のクラブは普通は強豪なので、すべきことも多く各人の役はそこにきっとある。あきらめず汗を流せば、心ある者から評価される。

ラグビーとは怒らなくてよいスポーツなのだ。

楕円球を追う仲間との、対戦相手とさえ、激しいコンタクトのもたらす感情の交流は深い。グラウンドではもちろん、それこそ過度の飲酒さえ避ければ、私生活の時間であっても互いの喜怒哀楽は自然に伝わる。

テニスの世界に「ウインブルドンの警備員」という逸話がある。かの大会会場は有名な出場者でも、入場パスなしには門を通さなかった。ラグビー場に置き換える。仮に協会の幹部や監督がパスを忘れた。勇敢な警備会社の若者が阻む。「俺を誰だと思ってるんだ」と怒鳴る。「君は正しい」と静かに引き返す。後者でありたい。制服の肩に手を添え、こしかないタイミングでのウインクで突破できればそれも悪くない。

初出＝『ラグビーマガジン』２０１８年10月号（ベースボール・マガジン社）

## フィールドの夢はつづく。

### 釜石鵜住居復興スタジアム　オープニングDAY

最初に、駅構内の「立ちそば店」の話をさせてください。

8月18日朝、8時前。釜石駅。鍋の湯気もうれしい一軒はにぎわっている。いた。ラグビー用品メーカーの印のついた帽子やシャツ姿のファンがひとり、ふたり。あの人もそうかな。復興スタジアムの開場と試合は明日だ。こんな時間にどこからやってきたのだろう。いいなあ。この雰囲気。ローカルな土地の大きくない駅舎に少しずつラグビーの匂いが漂う。

駅前から海へ出た。快晴。水面に白い筋が光る。いま、こんなに穏やかなのに。

8月19日。釜石鵜住居復興スタジアムがそこにある。本当にある。

7年前の3月11日。午後2時46分に地震発生。鵜住居の釜石東中学校の生徒たちは指示を待たずに高台の「恋の峠」まで駆け上がる。すぐ隣の鵜住居小学校の児童も同じように行動した。600人近くの命は救われた。普段からの防災教育のおかげだった。両校校舎は、想像上の生き物のような津波に呑まれた。小学校3階の窓に自動車が突っ込んだままの写真はよく知られている。

復興スタジアムはその跡地に建てられた。意志と発想と実行力。寡黙な人の情熱、NPOスクラム釜石の石山次郎代表の行動は、本人がどんなに謙虚であろうとも記録されなくてはならない。

記念すべき「オープニングマッチ」。釜石シーウェイブスとぶつかるのはヤマハ発動機である。そうでなくてはならなかった。

震災から3カ月弱。正確には6月5日、ヤマハは釜石へ現れた。

通称「松倉グラウンド」には各地の避難所から訪れた住民を含めて「1700人」が集まった。

76―5。ヤマハの勝利。スコアに意味のないゲームがあるとすればこれだ。ラグビーの復興の最初の一歩となる一戦は、善意や貢献より友情の一言がふさわしかった。

7年後のキックオフ。こんどはスコアにも勝敗にも意味はある。前日の最終調整。釜石シーウェイブスのWTB小野航大主将が話す。「特別なシーズンであることはわかっています」。来年、このハイブリッドの芝の上で、ワールドカップが行われる。そのときトップリーグにシーウェイブスの席がなくてはならない。

開始直後、赤のセカンドジャージィの釜石は力強く前へ出た。

前半6分。逃げずに前へ出るコンタクトで反則を誘い、近場の縦を繰り返し、FBユーゲン・フィサーがインゴールを越えた。

7―10と逆転されても、同17分、押されたスクラムから防御と入れ替わるかたちで新人SH二宮昂生が抜けて、自身の短いパントを再確保、トライを返した。

後半、14―29とリードされるも、気力みなぎる釜石は39分に、元フォースのFL、ケイン・コテカがラックを突き抜けて差を縮める。さらに終了のホーンを聞いたのちのPから速攻、しつこく滑らかにつないで12番のニック・ユーストが左中間へ滑り込んだ。5点差の敗戦。

「最後まであきらめず2トライを返したのはうれしい」

桜庭吉彦監督兼GMのコメントはありきたりのようで違う。闘争心と粘りがあったから、劣勢のスクラム、モールの防御、ターンオーバー後の拙攻など課題は明確に浮かんだ。

ヤマハは控えや若手中心、突き放すたくましさには欠けたが、セットプレーを軸に、持つべき人にボールを持たせるスタイルが揺るがない。

清宮克幸監督は試合後のインタビューでメッセージを求められるとこう言葉を発した。

「カマイシ、それに尽きますね」

スクラム釜石の高橋博行事務局長と会った。黄金期の釜石を支えた猛タックルの元FLは小声で言った。

「さすがにジーンときました。フィールド・オブ・ドリームス。来年の情景が浮かんでね」

悲しみと喜びをつなぐのは夢だ。そう信じたら現実になった。

初出＝『ラグビーマガジン』２０１８年10月号（ベースボール・マガジン社）

# 懐かしさの未来

詩人の茨木のり子の住居は、早稲田大学ラグビー部の東伏見グラウンドを見下ろすような土地にあった。大昔、たぶん大学3年の秋某日、砂埃の中を走ってばかりの部員であった本稿筆者は、『わたしが一番きれいだったとき』を書いた人の家を知りたくなって、寮から自転車をこいだ。あった。「ここに好きな詩人は暮らしているのか」。ただ玄関に目をやって去った。

茨木のり子の『六月』はこう始まる。

「どこかに美しい村はないか／一日の仕事の終りには一杯の黒麦酒／鍬を立てかけ　籠を置き／男も女も大きなジョッキをかたむける」

それにならって短い詩をここに。

「どこかに懐かしいチームはないか／脇の下のたるんだ綿ジャージィ／白襟を立て　茶の革の球抱え／フォワードの八人全員ラックに埋まる」

放送席や記者席から、トップリーグの監督やコーチの様子をたまに見る。ラップトップにあふれる情報。絶え間ない無線の指示。自分で脱げないピッチピッチのジャージィ。いちばん安い鰻定食にのった薄い一片のサイズの襟らしきもの。もちろん、なにひとつ間違ってはいない。

ただ懐かしくなる。雨が落ちると重くなるジャージィとボール、監督と数名のコーチやマネージャー、ラグビーを好きだから休日返上のチームドクター、あとは選手だけのチーム編成。攻撃のスクラムがほどけると8人がひとつの方向へものすごい勢いで駆け出す。あの時代を。

昔話といえばそうだ。茨木のり子は2006年に79歳で亡くなった。ひさしぶりに追悼特集の『現代詩手帖』を引っ張り出し、ページを繰ると、東伏見からの連想か、1980年代のラグビーが記憶に重なった。そして想像する。いま襟付き綿ジャージィで試合に臨んだら敗れるのだろうか。

2012年6月。来日のフレンチ・バーバリアンズは、あえてクラシックな襟付きのゆったりとしたシルエットの旧式ジャージィをまとった。プロップ、元フランス代表のリオネル・フォールに試合後、聞いた。それを着ると、いまの時代は負けますか？

51―18でジャパンXVを退けたばかりの当時37歳のベテランは言った。

「土砂降りでなきゃ変わらない」

もうひとつ。FW8人がみんなで球を追い、ラックに突っ込む。相手のアタックの方向へ層をつくりながら必死に前へ出て、あるいは深く戻る。この旧式をまったく捨て去るべきか。まあ、いきなり試合で試したら、片側サイドがスカスカになる。競技ルールおよびレフェリングの適用の変遷で、ドカーンと8人近くが密集に体をぶつけても、昔みたいに球の奪取はかなわなくなった。

しかし、たまに思う。初心者ばかりの高校、一般受験合格者でなんとかチームをこしらえる大学は、ある段階まで、いったん全員がひとつのボールを追いかけ、つまり「合理的分業」に安易に逃げず、FWは左右両サイドのどちらの攻守も担う。その訓練を重ねる。ついでにキックオフやラインアウトもリフティングなしに跳んでみる。そうして身体に根源的なクセというか「ラグビー本能」をまず培う。幼少から楕円球に親しみ、強豪中学や高校で経験を積んだ者の集う学校に勝とうとするなら、いっぺん通ったほうがよい道だ。

そのうえでしかるべき時期に、モダンな方法を教え込んでいく。遠回りみたいで、実はこのほうが目標に近づける。ラグビーという球技経験の絶対量の差を埋めるには「リフティングなしに跳んでキャッチできるくらいの感覚を身につける」のが前提だ。反対から考えると、トップ級のチームのジャンパーは、競技を始めてからずっとリフティングに支えられてきても、「ひとりで跳んでみな」とコーチに命じられたら、リスタートのボールを空中でつかんでみせる。

未来を創造する。停滞は退歩だ。慣習は凱歌の敵。そうであるなら過去に未来のヒントを見つけるのも有効だろう。懐かしさは、きょうより、むしろ、あすに結ばれる。

　前掲の追悼特集の『現代詩手帖』に、詩人、中江俊夫の一文がある。茨木のり子を悼む号なのに、ひとり、純粋な詩作の観点で批判している。「日常や世相を活写して意見や態度姿勢を上手に示されると、表現の仕方は単純明快だからあいづちをうって合点するけれど、それでおしまいだ」。なんか、いいなあ。

　自分の好んだ人を否定されて、そう感じた。簡単に同調しない。長いものに巻かれない。これ、ラグビー理論の創造に必要な精神ではないか。


初出＝「RUGBY REPUBLIC　ラグビー共和国」（ベースボール・マガジン社）２０１８年9月20日

## 伸びた背筋

冷えに冷える。寒波襲来の札幌、雪まつりの喧騒をよそに、熱を帯びたラグビーがそこにあった。北海道バーバリアンズの本拠、定山渓(じょうざんけい)、ワールドカップのトンガ代表もキャンプを張る鮮やかな芝は白一色に覆われている。そこからほどないクラブハウスで第5回の「レフリー寺子屋」が開かれた。

バーバリアンズの主催、北海道のラグビー、レフェリングの発展、進歩を志す催しだ。道内のレフェリー、教員、協会役員らが集まる。遠く北見から6時間も運転してきた若い先生もいた。講師は2018年度の日本協会A1級の河野哲彦レフェリー。ここに本コラム筆者は招かれ、コーチング論、というか、自分の指導経験、取材で得た「そこにあるチームで高みをめざす」方法について話す機会をもらった。

明治大学優勝の礎を築いた前監督、北海道立羽幌高校出身、現在は札幌在住の丹羽政彦さんの姿があった。花園常連、札幌山の手高校の佐藤幹夫監督、黒田弘則、藤井栄人両コーチの顔も見える。実際に全国制覇のチームに深く関わったり、道内予選で勝ち切った指導者を前にためらいはなくもなかった。こちらは早稲田大学コーチで大学選手権準優勝まで、都立国立高校を教えて花園に届いていない。そんな人間が語るのはどうかと思ったのだ。でも道内の普通の公立高校の監督さんもおられたので、「明治や札幌山の手のような相手に立ち向かう」テーマで通した。すると「標的」のはずの明治、札幌山の手の心広い人たちが、ちゃんと耳を傾けてくれるので困った。

河野講師の今回の主題は「レフリーはつらいよ」。自身の失敗談などもまじえて心構えを説く。そこから北海道ラグビーが発展するための「ローカルルール」はないか？　という興味深い議論へと進んだ。高校もスクラムを押せるようにする。ペナルティー後のタッチキック禁止。モールの制限。もちろん異なる意見も飛び出す。宿泊しながらの懇親会では先生たちが3対3のスクラムを組み始めて、レフェリング、コーチングの観点から考察が続いた。そのうち夜も更けているのに、山の手の黒田コーチや北海道協会理事長でバーバリアンズ創設者の田尻稲雄さんがキッチンにこもり、ピタリ扉を閉じて、ほとんど異常なまでの情熱で「カレーパスタ」づくりに没頭、妙にうまくて、寝る前なのに、これも困った。

大型テレビには、先の花園、北北海道代表の旭川龍谷高校の玉島高校戦のトライが流される。敵陣ゴール前スクラム、右プロップの林涼生の姿勢がなんとも美しい。これなら、どんなに強い雨でも背中にたまる。雪なら落ちずに積もる。泣ける。この瞬間のために君の高校生活はあった。そう画面に声をかけたくなる。そこから右を攻めてインゴールへ。

その旭川龍谷の小西良平監督から「あの記事で救われました」とうれしい声をかけられた。41歳。帯広柏葉高校から北海道教育大学旭川校出身、自身の競技生活の大半はサッカーだった。なのに教員としてラグビー指導を担う。迷いはあった。悩みもした。そんなとき、このスズキスポーツのコラム第13回（２００3年8月）の『いい選手について』を読んだ。サッカー日本代表の明神智和のボールのないところでの献身、読みの深さ、「万が一」への備え、短いパスにも受け手のことを考え抜く態度を書いた。

「救われました」の意味はこうだった。サッカーの経験をラグビーに援用できる。いい選手のふるまいは同じだ。それでよい。あれから15年、花園予選を突破した。しみじみ連載のスペースをいただいてよかった。林涼生の伸びた背筋のほんの隅っこに関係しているかもしれないのだから。

初出＝SUZUKI RUGBY「友情と尊敬」（スズキスポーツ）２０1９年2月

## 包む強さ

ラグビーを始めて1カ月ちょっとの部員。教え始めて間もない新人コーチ。春の大会を終えて活動に区切りをつけた3年生。それぞれの春もおしまいへ近づく。

あらためて楕円球とかかわる善き人たちに向けて述べたい。ラグビーとは寛容の競技なのだと。少し前、青森の弘前で強く思った。4月27日。まだ寒かった。黄金よりも美しい弘前城の桜は、だが、曇天や冷気にも格別だった。

当日、ラグビーマガジン誌や関連のWEB「ラグビーリパブリック」でおなじみのフォトグラファー、松本かおりさんの写真展「LOVE, RUGBY!」が催された。翌28日には「弘前サクラオーバルズ・ラグビー映画祭」も開かれる。女子のラグビーを支援する青南商事、NPO法人の弘前サクラオーバルズの主催だった。

松本さんの作品は包む。有名選手のみならず無名、市井の人々を澄んだ視線がくるむような感じがする。弘前実業高校野球部出身、ジャパンにおけるオールタイムベストかもしれぬロック、かの小笠原博さんの近影の肖像フォトが笑っている。日本ラグビー史きってのハードマンのスマイルとは、すなわちスクープだ。五所川原農林高校ラグビー部の面々が雪上に並んだショットに泣けてくる。少年たちを知らない。なのに、ラグビーに励んだ経験のある者ならどうにも懐かしい「記憶」は漂う。どの写真も真ん中をラグビーの普遍が貫いている。この「普遍」は後述する映画にも浮かび上がる。

写真展のゲストには、サントリーサンゴリアスのロック、真壁伸弥さんが登場、繊細なほどの気配り、それでいて世界のどこのだれにも媚びないだろう気概や矜持を感じさせるトークで老若男女を楽しませた。うまく書けないがサントリーというクラブの強さをわかるような気がした。南アフリカ戦秘話、おもしろかった。

一夜明けて、映画祭では、クリント・イーストウッド監督作品、1995年のワールドカップにおける南アフリカ代表スプリングボクスとネルソン・マンデラ大統領を描く『インビクタス』。そして大阪朝鮮高級学校ラグビー部を追った傑作ドキュメンタリー、『60万回のトライ』が無料で上映された。後者は青森県初公開だった。

外で背伸びするだけで幸福になる桜日和の青空。百貨店8階の会場の暗がりに足を運ぶ人はいるだろうか。あふれるほどとはいかなかったが、いた。弘前大学の現役フッカー、地元の公務員、FMラジオ局員、青森市内から訪れた若き歯医者さんなどなど。そこにいたひとりとして、自信をもって「ここにいてよかったね」と言い切れる。上映後、7人制女子日本代表のキャプテン、中村知春さんの実感のこもった話もまたよかった。

時代も背景も異なるが、ふたつのラグビー映画の底に共通の主題が流れた。それは「寛容」。いや「寛容の強さ」である。ネルソン・マンデラは、公然の差別である人種隔離政策「アパルトヘイト」に抵抗、27年投獄され、うち18年はケープタウン沖のロベン島の劣悪な房で過ごした。

釈放。アパルトヘイト撤廃。全人種参加の選挙。94年就任のマンデラ大統領は、白人支配層のパワーの象徴でもあったスプリングボクスの名称、ジャージィの色、エンブレムを残すことを認めた。黒人同志の不評は承知、「白人への報復をしない」というメッセージであった。ワールドカップ決勝。大統領はスプリングボクスの6番のジャージィをまとって現れた。丸々と肥えた白人男性が「ネルソン、ネルソン」と繰り返し叫ぶ姿を本コラム筆者も現場で見た。

44歳からの27年間、獄につながれた。ネルソン・マンデラは、なのに、白人を赦した。その経済を接収しなかった。結果、南アフリカは、いまにいたる問題を抱えながらも、新生国家として成り立った。白人への寛容が、報復した場合よりも「強い」社会を築いた。『60万回のトライ』も同じ主題を提示する。２０１０年度、大阪朝鮮高のラグビー部は、花園でベスト4進出を果たした。筋書紹介ふうに書くなら、その躍進を追ったドキュメンタリーなのだが、あれからそれなりの歳月を経ても、個人的に繰り返し観賞しても、色褪せぬ感動がある。普遍の青春、普遍の人間像が、ラグビーという枠組を得て、さらにくっきりと輪郭を濃くするからだ。昨年暮れには、ニュージーランドのオークランド大学の「コリアン研究センター」などに作品が招かれた。世界に散らばる研究者たちは「日本での上映中と同じところで笑って泣いた」（朴敦史共同監督）そうだ。

朝鮮高と聞くや「異質」や「特異」というイメージを抱く者は少なくないだろう。偏りのある教育にがんじがらめとなっている、と。しかし、実は、韓国籍や日本籍の少年少女も学んでいる。まさに『60万回のトライ』に描かれた喜怒哀楽、どこにでもある人間らしさがそこに横たわる。

在日コリアンの生を享けることは、日本人に生まれるのと同じように自分では選べない。問われるのはマンデラが手放さなかった想像力だ。かつての南アフリカの白人体制はひどいことをした。でも、もし自分が日本ではなく、南アフリカの白人の子としてあの時代のあの社会で育ったら、人種隔離政策即時撤廃、マンデラ釈放、と猛然と活動できただろうか。たとえば好きなラグビーに打ち込むために沈黙を守ったのではあるまいか。もちろん、白人の為政者が、みずからが黒人家庭に誕生、アパルトヘイトの南アフリカで暮らしたら、どんな気持ちなのかを真剣に思い描く態度こそは求められた。たぶん、実態も、さらには自身の良心のカケラすら、見ないようにしていた。

朝鮮高のラグビー部が花園など公式戦に参加できるようになったのは１９９４年である。大阪の門を開くのは遅かったが、閉じたままなら、日本のラグビーはいまより弱かった。

高校にいっそうの切磋琢磨はもたらされ、大学、トップリーグの主力を担う「大阪朝高出身者」は途切れない。在日コリアンのラグビー人は過去に間違いをおかしたわけではない。だから「寛容の対象」という言葉は正確ではない。ただ排除や排斥は強そうで本当は弱い。ここは確かである。

と、桜の街の2日間に考えさせてくれた「弘前サクラオーバルズ」に感謝したい。昨年8月、特定非営利活動法人設立認証。スクールから女子強化チームまでラグビーを楽しむための「志」と「環境」がそこにある。老若男女が孤立せず、おのおのの出番を確かめる場所となるだろう。

初出＝SUZUKI RUGBY「友情と尊敬」（スズキスポーツ）2019年5月

## ラグビーであること

イタリアとロシアのテストマッチの解説をした。ワールドカップ前の「ウォームアップ試合」の位置づけである。サン・ベネデット・デル・トロントという人口5万に満たぬ土地で行われ、ホームのイタリアが85―15と圧倒した。日本時間深夜の中継、昼にロシア、旧ソ連のラグビーについて少し調べた。

最近、邦訳された『ラグビーの世界史』（白水社）が頼りになる。英国の研究者であるトニー・コリンズの著。個人的に「解説」を書いたので宣伝めいてはいけないと思うのだが、史料と検証に裏打ちされたラグビーの通史はやはりありがたい。さっそく巻末の事項索引で「ソビエト連邦」からたどる。いきなり興味深い記述が見つかった。

ボルシェヴィキがラグビーを高く評価していた。「ボ」で始まる響き、世界史好きを除けば若い人には初耳だろうか。ある年齢層にはいくらかなじみがある。詳しくわからなくても聞いたことならある。かのレーニン、ロシア革命の主要人物の率いた党派である。ソビエト共産党の前身だ。

1930年。ボルシェヴィキの教育人民委員がラグビーをこう表した。

「紳士的な戦闘」

革命家は英国の富裕な学校で親しまれた競技に共感していた。6年後にモスクワでリーグ戦が始まる。ただし、その3年後、戦争によって「閉鎖」され、復活は戦後、1950年代を待たなくてはならなかった。

イタリアの昔のラグビー事情も知りたい。同書は、ファシストもまたラグビーに引き寄せられた事実を記している。1928年、ベニート・ムッソリーニ率いるファシスト政権は『ラグビーのゲーム』なる手引書を出版した。スポーツを「イデオロギーの媒体」とする意図が背景にあった。1929年、ロンドンのタイムズ紙の記事に「(ファシスト党書記ら推進者は) このスポーツが、英国におけるように、アマチュア選手に厳密に限られていることに気づいた。アマチュア選手はスポーツマンシップの正しい精神においてプレイすると信じることができる」とあった。結局、1934、38年、サッカーの代表がワールドカップ優勝という大成功を収めて「ファシストは次第にラグビーへの関心を失っていく」。

本稿筆者がかつて集めたいくつかの資料によれば、ファシストたちは、ラグビー人が簡単に体制の政治的宣伝の道具にならないと察知、楕円球への興味をなくした。2007年のタイムズ紙には、東京大学でも教えた作家、リチャード・ビアードがこう寄稿している。

「あの時代、イタリアでサッカーをしないことが、そもそも反抗的な証である」。そうだ！と、膝を打ちたくなる。ちなみにビアードには『MUDDIED OAFS』というラグビーにちなんだノンフィクション作品があり名著とされる。辞書を引き引きなのに英語が端正と伝わる。表紙も美しい。

キューバ革命のチェ・ゲバラは、母国のアルゼンチンでラグビーに励んだ。バックス全般をこなした。気性は激しかった。ブエノスアイレスの名門クラブ、サン・イシドロ、カトリック系私立学校が母体のイポラなどに在籍、持病の喘息と戦いながらよく走り、よく倒した。裕福な家の息子が南米の貧困を目で確かめ、人生の方向を決定づけた「モーターサイクルの旅」の同行者、ラグビー仲間のアルベルト・グラナードは後年、チェことエルネスト・ゲバラの父の証言を明かしている。

「エルネストは、ラグビーから学んだチームスピリット、規律、敵への敬意を忘れることはなかった」（デイリー・テレグラフ紙）。

革命家にもファシストにも、もちろん、どちらでもない人々にとっても、ラグビーはただのスポーツや身体活動ではなかった。少なくとも、ないかのごとく映った。他の競技への優位性を述べたいわけではない。事実としてラグビーの構造に「人生」は投影されている。そんな気がする。ワールドカップ開幕が迫り、白状すると、どこが優勝するか、ジャパンはどこまで勝ち進むのか、よりも、ラグビーの深さはここに具現されるだろうか、きっとされる、というようなことばかり考えてしまう。

当コラム欄のタイトルである『be rugby』は、フランスの社会学者、ダニエル・プティエの著書『ラグビー』（文庫クセジュ）に紹介されている別の研究者（A・スーテール）の言葉から引いた。「ラグビーであること」の解釈は「プレーしているからというだけで、ある個人がラグビーなのではなく、日常的にラグビーを生きているからこそラグビーなのである」。以下、概略。チームという共同体へ帰属する。証明として、恐怖や苦痛にあらがい、みずからの身体を捧げる。そこまでするのだからうまくいかなくてはならない。そのためには仲間との相互性、選手と選手を結ぶ「完璧な信頼」が求められる。それは個人と個人のあいだに強い連帯感情がない限り不可能である…。

学者のように言語化はできないが、ラグビー部員であった者、ある者、ラグビー観戦を深く愛する者なら、わかる。ラグビーは痛くてこわくて、ひとりでは絶対にできない。いや、ひとりずつの集まりでもできない。だから「人生」が関係してくるのだ。オールブラックスやイングランドやジャパンでなくとも、ナミビアもカナダもロシアも「見つめるに値する」理由である。異なる文化の異なる個性がラグビーの共同体を形成する。不要なチームはひとつもない。無視できる人間もひとりもいない。

前掲の書にはこんな言葉も紹介されている。

「ラグビー、人生の学校」

かつてフランスの協会の標語のひとつであったらしい。校則でなく連帯で営まれる学校。

初出＝J SPORTS「be rugby ～ラグビーであれ～」2019年8月19日

## 信は力なり。

ふたつの声があった。

ワールドカップに学んだことはあるか？　11月10日。秩父宮ラグビー場。そう質問されると、勝者を率いたリーダーが言った。

「プレーうんぬんはよくわからないいんですけど、日本代表のみなさんが口をそろえて言う、信じる、信じ続けること、それが大事だなと思いました。そして自分たちを信じるためには並大抵でない努力が必要だとも感じました」

早稲田大学の齋藤直人主将のコメントだ。帝京大学を9年ぶりに破った直後の会見の場である。

それから数十分後、赤黒ジャージィの15番、再三のゲイン獲得で務めを果たした2年生、河瀬諒介は、ブレザー姿で同じ問いにこう返した。

「ハイボールのキャッチで世界のトップ選手はまったく落とさない。キャッチひとつで試合の流れを変えてしまう。ここは、もっと自分で強化しなくてはいけないと思いました」

具体的には。

「ふたつの方法がありました。ひとつは相手とボールのあいだに体を入れる。もうひとつ、まっすぐ捕りにいって、そのまま走れる体勢をつくる。（南アフリカの）チェスリン・コルビ選手は背が低いので体を入れる。（ニュージーランドの）ベン・スミス選手は手を伸ばし、捕ってすぐに走ろうとする」

オールブラックスの正FBのボーデン・バレットでなく、出番の少なかったスミス（この堅実で精確な人をポジションはどこであれイングランド戦に起用していれば…）の名を挙げるところが、長き「ベン・スミス派」としてはうれしい。

それぞれの発言には、キャプテンらしさ、20歳の伸び盛りらしさが表れている。よきことを確かめる。よきことに刺激を受ける。どちらも正しい。

ここでは前者について記したい。「信は力なり」についての短い考察のつもりである。

あれは5カ月前。のちに対アイルランド、対スコットランドで世界の称賛に浴するジャパンのアタックを指揮する人の言葉を聞いた。於・キヤノンイーグルスのクラブハウス。

田村優は確かに述べた。

「向いてる向いてないより、信じるか信じないかだと思います。みんなが同じことを信じれば絶対にうまくいく」

ある媒体でのインタビュー。戦法についての一言である。なんというのか、聞き手として心が動いてしまい、放送の解説などでも何度か紹介した。これからも数百回は引くつもりだ。

そのとき確信したわけではない。でも、後知恵を許されるならジャパンの成功はそこに約束されていた。

四半世紀前。たぶん夏の終わり。

元日本代表監督、今回の躍進のひとつの水源、あの大西鐵之祐は持論を述べた。

「戦法に絶対はない。だが絶対を信じない者は敗北する」

於・西麻布。本稿筆者は、夢中になっていたコーチングを学びに何度かそこにある自宅へ通った。「絶対を信じないチーム」と書き残す例もあったが、耳に残る記憶では「者」である。

別の日にはこう教えてくれた。

「勝負は金曜に決まる」

日曜が大試合の場合だ。つまり2日前。コーチは緊張と闘争心と簡潔に整理された戦法理解をそこでチームに燃え移す。明けて土曜は「すべきことをし尽くした」どこか軽やかな、ふんわりとした雰囲気でかまわない。

アイルランド戦前日のジャパンの練習はまさに軽快に映った。だから「いい試合をする」とはわかった。でも、そこまでだった。もっとキャンプ内の情報に通じていた旧知の新聞記者は「あしたは勝ちますよ」と断言した。脱帽せざるをえない。

信は力なり。

よく知られた大西語録だろう。あるいは泣き虫先生、伏見工業高校で日本一、山口良治元監督の涙とともに思い出されるかもしれない。

信じると力の限界が押し上げられる。ヤマハ発動機のスクラムがそうだった。ジャパンの8強進出を支えた指導者、長谷川慎コーチの方法を選手が信じ切った。仮に組んだ瞬間はうまく運ばなくともなかば強引に押してしまう。ひとりでもメソッドを疑っていたら組み負けた。

そのインターナショナル版が先のジャパンだった。背景や持論の異なる人間が「信」を力とした。ひとつの道を貫くと、あたかも一枚の板がすぐに置き場所を移動できるように応用も効いた。

ワンチームとは一色に染まるという意味ではない。むしろ逆。ひとつを信じるから、個の違いを認め合って、多彩でありながら、ひとつになれるのだ。

初出＝『ラグビーマガジン』2020年1月号（ベースボール・マガジン社）

## 【終章】

# ラグビーって、いいもんだね。

## 「ラグビーって、いいもんだね」

あらゆる記憶は「電話ボックス」に収められた。

ワールドカップ日本大会における現実、自分が各会場で実際に見た芝の上の光景はしだいに輪郭が薄れる。開会式の高揚もすでに遠い。ジャパン。あの高速のパス、草に伏せた100人がいきなり起きて大男に襲いかかるみたいなタックル、歓喜のスクラム、突き上げられた両腕、あれだけの熱ですら幻に映る。

一瞬こそ永遠。永遠とは一瞬。それでよいのだ。

でも、釜石の鵜住居、公立中学の校門の外の電話ボックス、そこで受話器を握る少女の像は、実際に目にしたわけではないのに、つまり自分にとっては「幻」のはずなのに、どんどん胸の奥で現実となる。

9月23日。フィジー―ウルグアイ戦の放送解説の準備のために英国のガーディアン紙の電子版ページを繰ると、ほどなく「誰かがツナミだと叫んだ」という見出しが飛び込んできた。アンディ・ブル記者によるストーリーの書き出しはこうだった。

「かつてカマイシのスタジアムの真ん中あたりに電話ボックスがあった」

瞬間、鼻の奥がツンとした。続きを読む前にみるみる「絵」が浮かんだ。これは間違いなくよい記事だ。

「ノドカ・キクチは、それがハーフェイフインの右側のどこかに存在していたと考えている。そして彼女は知っている。自分が最後にそこを利用した人間であることを」

2011年3月11日午後2時45分。彼女は15歳。学校の外に出て、両親の迎えを頼むための電話をかけていた。1分後、いきなり揺れが襲う。「電話ボックスにつかまりました。私の友だちは校門にしがみついていた。そうするしか立っていられなかったのです」。そこからの避難の様子や「波でなく巨大な壁」のごとき津波のありさま、中学校のその場所にスタジアムが建設されると知ったときの「思い出が破壊されるような感覚」と「工事の進む現場を見たら感情を呑み込めた」経験が述べられる。

つくづく、読者の心を動かすのは、数字の羅列や、こじつけの「意味」ではない。ひとりひとりの物語なのだ。2019年9月25日。ウルグアイ、フィジーを破る。快晴の空と同じ色のジャージィが小躍りする。そのとき見えない電話ボックスは確かに見えた。

ワールドカップは何を残すのか。ひとりの人間の記憶である。日本列島のすべてが肩を組んでいるような感動の実相も、なにも一色に染まるわけではなく、ひとりずつ、ひとつずつが異なっている。

大会期間中、忘れがたい声を聞いた。

「ラグビーって、いいもんだね」

いつもの酒場の片隅で、ジャパン躍進でにわかに関心を抱いた男性が言った。

こちらは、ずっと「いいもんだ」と信じてきたのに、いざ素直に言葉にされて、まさにハッとした。「おもしろい」でなく「いい」。その人の見て知ったラグビーのストーリーがそう思わせたのだ。

いつか稲垣啓太のトライを忘却しても、なぜ、稲垣啓太は、なんべん倒し倒されても、表情を変えず、ただちに起き上がるのか、なぜ、これほど体を張れるのか、自分の背骨や心臓をゾクッと走った光線の感触は消えない。ワールドカップと未来をつなぐのはそんな膨大な数の記憶の胞子だ。

わが焼酎炭酸割りの友であるS氏は、不断の努力が運を呼び、チケットは当たりに当たり、なんと14試合を観戦できた。楽しいばかりの時間、ひとつ、たったひとつだけの悔いが残った。横浜での準決勝の前。カフェの屋外席でウェールズからやってきた初老の男どもが陽気に歌っている。南アフリカ戦へ向けた景気づけといったところか。すぐ横を通った。まるでカーディフにいるようではないか。しみじみ幸福を覚えた。なのに、なのに、飛び入りで自慢の低音を披露する行動に踏み切れなかった。ずっとラグビーと歌について意識しながら生きてきたのに。参加しようか迷ったところがまた惜しまれる。以上の微笑ましい後悔だってラグビーの一部と化すのである。

おもしろさの前後左右をおもしろさよりも深い生き方が包囲する。ラグビー選手でありさえすれば、いい人なのか。それは甘い。ただし、ラグビーは絶対にいいもんだ。

書き下ろし　2019年12月4日

# 好評既刊

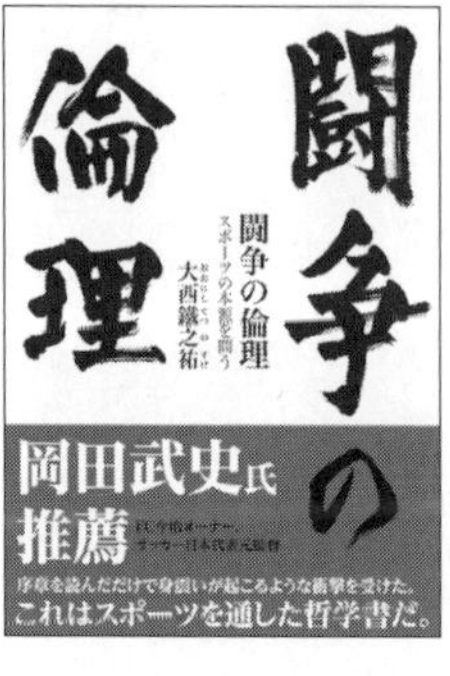


鉄筆文庫004

**闘争の倫理　スポーツの本源を問う**

**大西鐵之祐**

**1500円+税**

戦場から生還後、母校・早大のラグビー復興と教育に精力を注ぎ、日本代表監督としてオールブラックス・ジュニアを撃破、イングランド代表戦では3対6の大接戦を演じた戦後ラグビー界伝説の指導者。「戦争をしないために、ラグビーをするのだ!」と説く、思想・哲学の名著を鉄筆文庫化。監修／伴一憲、大竹正次、榮隆男。推薦／岡田武史。解説／藤島大

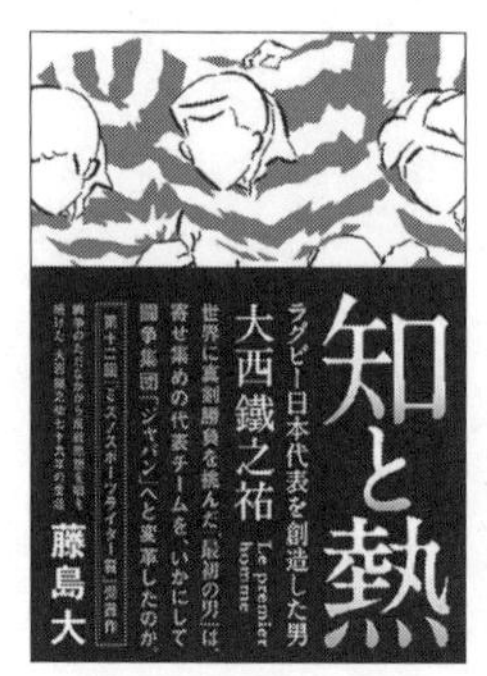


鉄筆文庫008

**知と熱　ラグビー日本代表を創造した男・大西鐵之祐**

**藤島大**

**1000円+税**

世界に真剣勝負を挑んだ「最初の男」は寄せ集めの代表チームをいかにして闘争集団へと変革したのか——。戦後ラグビー界伝説の指導者・大西鐵之祐の79年の生涯を描いた傑作。早稲田大学大隈講堂での最終講義「人間とスポーツ」、著者による「最後のインタビュー」を巻末に収録。解説／釜谷一平

鉄筆文庫009

**序列を超えて。ラグビーワールドカップ全史　1987-2015**

**藤島大**

**960円+税**

観客がよく飲む。これもラグビー文化なのだ（「飲んで肩抱き合って」）。1987年から8大会すべてを現地取材。世界のラグビーの潮流、ジャパンの変遷、開催国の文化・人間・ビールを通して書き綴られた、人類に不可欠な営みの祭典。その魅力を一冊に凝縮。書き下ろし【終章】「紙ナプキンの字はかすれた。」を収録。

四六判ソフト

**人類のためだ。　ラグビーエッセー選集**

**藤島大**

**1600円+税**

「明日の炎天下の練習が憂鬱な若者よ、君たちは、なぜラグビーをするのか。それは『戦争をしないため』だ。」（「体を張った平和論」より）。ナンバー、ラグビーマガジン、Web連載や新聞紙上等で長年執筆してきた著者の集大成。ラグビー精神、ラグビーの魅力と神髄に触れる一冊。あとがき―「そうだ。自由だ!」。カバーデザイン&イラストレーション／ Kotaro Ishibashi

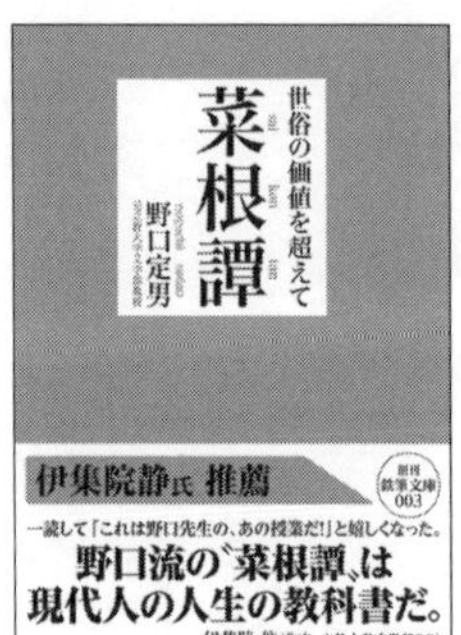


003

## 世俗の価値を超えて——菜根譚

野口定男(元立教大学文学部教授)

800円+税

「菜根譚」は約400年前に中国の洪自誠によって書かれた著作で、儒教、道教、仏教の思想を取り入れた、日本でも長年読み継がれる処世訓。本書はその神髄を現代の読者にも理解できるようにと独自の編集と解釈を加えて編みあげたオリジナル作品。推薦文:伊集院静(作家、立教大学文学部OB)、横山忠夫(立教大学野球部OB会幹事長)。解説:渡辺憲司(自由学園最高学部長)

006

## 日本国憲法　9条に込められた魂

鉄筆編

500円+税

9条はなぜ生まれたのか。9条2項を発案した幣原喜重郎・元首相が、死の直前に語った貴重な証言を全文収録(「幣原先生から聴取した戦争放棄条項等の生まれた事情について」平野三郎氏記、憲法調査会資料)。他に、日本国憲法全条文、年表、ポツダム宣言(全文+英文)、非核三原則、武器輸出三原則等を収録。

001

## 翼

白石一文

600円+税

田宮里江子は大学時代の親友の夫・長谷川岳志と10年ぶりに遭遇する。岳志は親友の恋人でありながら、初対面でいきなりプロポーズしてきた男だった……。直木賞作家のTwitter連載小説として新聞各紙で取り上げられ話題となった恋愛小説。Twitter連載当時、何度も読んで涙するという読者が続出した。10万部突破のベストセラー。解説／梅原潤一。装画／キリハリエ・Emi

002

## 反逆する風景

辺見庸

700円+税

「死んでも憲法第九条をまもりぬくこと。憲法第九条がすでにズタズタになっていても、再生させること。」(「遺書」より)。『もの食う人びと』と表裏をなす傑作。復刻に際し書き下ろし原稿等を追加収録。オリジナル収録作品=●「絶対風景」にむかうこと●極小宇宙から極大宇宙へ●「絶対感情」と「豹変」——暗がりの心性●花陰●遺書●鉄筆文庫版あとがき●解説「赤い背広、消えず」藤島大

# 藤島 大

スポーツライター、ラグビー解説者。

1961年東京都生まれ。都立秋川高校、早稲田大学でラグビー部に所属。卒業後はスポーツニッポン新聞社を経て92年に独立。著述業のかたわら都立国立高校、早稲田大学ラグビー部のコーチを務めた。2002年『知と熱 日本ラグビーの変革者・大西鐵之祐』（文藝春秋）でミズノスポーツライター賞を受賞。著書に『楕円の流儀』(論創社)、『ラグビーの情景』（ベースボール・マガジン社)、『人類のためだ。』(鉄筆)、『知と熱』（鉄筆文庫)、『北風　小説 早稲田大学ラグビー部』（集英社文庫)、『友情と尊敬』（スズキスポーツ)、『序列を超えて。ラグビーワールドカップ全史　1987-2015』（鉄筆文庫）などがある。

# ラグビーって、いいもんだね。

## 2015–2019 ラグビーW杯日本大会

藤島 大

鉄筆文庫 010

ラグビーって、いいもんだね。

2015–2019 ラグビー W杯日本大会

著者　藤島（ふじしま） 大（だい）

2020年 3月30日　初版第1刷発行
2020年 7月26日　第2刷発行

発行者　渡辺浩章
発行所　株式会社 鉄筆
〒112-0013　東京都文京区音羽1-15-15
電話　03-6912-0864
表紙画　井上よう子「希望の光」
印刷・製本　近代美術株式会社

落丁・乱丁本は、株式会社鉄筆にご送付ください。
送料は小社負担でお取り替えいたします。
定価はカバーに明記してあります。



ISBN 978-4-907580-22-3　Printed in Japan

# 鉄筆文庫創刊の辞

喉元過ぎれば熱さを忘れる……この国では、戦禍も災害も、そして多くの災厄も、時と共にその「熱さ」は忘れ去られてしまうかの様相です。しかし、第二次世界大戦での敗北がもたらした教訓や、先の東日本大震災と福島第一原発事故という現実が今なお放ちつづける「熱さ」を、おいそれと忘れるわけにはいきません。

先人たちが文庫創刊に際して記した言葉を読むと、戦前戦後の出版文化の有り様への反省が述べられていることに共感します。大切な「何か」を忘れないために、出版人としてなすべきことは何かと真剣に考え、導き出した決意がそこに表明されているからです。

「第二次世界大戦の敗北は、軍事力の敗北であった以上に、私たちの若い文化力の敗退であった。私たちの文化が戦争に対して如何に無力であり、単なるあだ花に過ぎなかったかを、私たちは身を以て体験し痛感した。」（角川文庫発刊に際して　角川源義）

これは一例ですが、先人たちのこうした現状認識を、いまこそ改めてわれわれは噛みしめねばならないのではないでしょうか。

現存する文庫レーベルのなかで最年長は「新潮文庫」で、創刊は一九一四年。それから一世紀が過ぎた現在では、80を超える出版社から200近い文庫レーベルが刊行されています。そんな状況下での「鉄筆文庫」の創刊は、小さな帆船で大海に漕ぎ出すようなもの。ですが、「鉄筆文庫」は、先人にも負けない気概をもってこの大事業に挑みます。

鉄筆の社是は、「魂に背く出版はしない」です。私にとって第二の故郷でもある福島の地で起きた原発事故という大災厄が、私を先人たちの魂に近づけたのは間違いありません。この社是は、たとえ肉体や心が消滅しても、残る魂に背くような出版は決してしないぞという覚悟から掲げました。ですから、「鉄筆文庫」の活動は、今100万部売れる本作りではなく、100年後も読まれる本の出版を目指します。前途洋洋とは言いがたい航海のスタートではありますが、読者の皆さんには、どうか末永くお付き合いくださいますよう、お願い申し上げます。

二〇一四年七月

渡辺浩章